Proverbios chinos para meditar

A. Albertario - F. Feslikenian

PROVERBIOS CHINOS PARA MEDITAR

dve PUBLISHING

Traducción de Nieves Nueno Cobas.

© Editorial De Vecchi, S. A. 2019
© [2019] Confidential Concepts International Ltd., Ireland
Subsidiary company of Confidential Concepts Inc, USA
ISBN: 978-1-64461-411-2

Impreso bajo demanda gestionado por Bibliomanager

Índice

Sabio orando

Introducción

Para el hombre occidental, los proverbios y refranes chinos son una excelente forma de abordar las costumbres y la forma de vida de los chinos y de comprenderlos mejor.

Para progresar en el camino de la vida, el chino recurre a los proverbios, que lo ayudan a resolver sus problemas materiales y morales, a concretar sus más entrañables aspiraciones, a consolarse de las decepciones que le afectan de forma inevitable, a considerar sus victorias y sus derrotas con alegría y filosofía, a educar mejor a sus hijos, a rendir homenaje a los dioses, a ver su trabajo desde una perspectiva distinta y a descubrir en el amor una forma de vida personal, conforme a sus tradiciones.

Estos proverbios, que se remontan a tiempos lejanos, nos revelan la sutileza de Lao Tse, el gran sentido común de Confucio, la mentalidad práctica de Han Fei, el cinismo de Yang Chu, la creencia mística del monje budista y la ternura del hombre común.

Estas profundas creencias y verdades dictadas por la experiencia son imágenes de la sabiduría china de las distintas épocas.

Lo divino

La presunción es el don que los dioses otorgan a los hombres de poco valor.

Los dioses te devolverán multiplicado por cien lo que des a los demás.

Aunque los peces nadan en el fondo del lago, el pescador los captura; aunque las aves vuelan alto en el aire, el cazador las alcanza, sólo la profundidad del corazón humano puede sondearse.

No aceptes la condena ajena, aunque hayas actuado mal: sólo los dioses pueden condenar.

La venganza de los dioses no es inmediata, aunque se precipita con rapidez sobre quien no la espera.

Cuando bebas el agua, piensa en el manantial.

No seas muy dado a criticar la acción de tu prójimo, sólo los dioses pueden condenarlo.

Procura que nadie derrame lágrimas por ti, los dioses las cuentan una por una.

Ningún hombre conoce su destino, pero cada uno conoce su objetivo.

El Cielo no da sin razón la vida al hombre, la Tierra no produce hierba sin raíces.

Los dioses dirigen su amor hacia los hombres a los que quieren proteger.

Cuando los dioses quieren mortificar a una persona con una desgracia, empiezan enviándole una pequeña gratificación para enorgullecerla y ver si sabe recibirla con dignidad.

Cuando quieren enviar una bendición a una persona, empiezan mortificándola con una pequeña desgracia para ver si se la toma bien.

Los dioses causan la mala suerte, el hombre sabio la afronta con generosidad; los dioses aportan la pena y el trabajo, el hombre sabio los afronta con serenidad; los dioses aportan la adversidad, el hombre sabio la comprende, porque capta el ritmo de la vida.

Algunos leen las *Analectas* de Confucio y no las entienden.

Nadie es rey en el largo viaje hacia el reino de los dioses.

El sol no debe brillar sólo para mí, sino también para los que son más malos que yo

Se ha representado la imagen de Buda, pero le faltan los ojos.

Incluso la cabeza de Buda cambiará la tercera vez.

El Buda de cada cual es el mejor.

Todo depende de la voluntad del Cielo, ni lo más pequeño está en manos del hombre.

Quien trata de encontrar la alegría hiriendo a criaturas sedientas de ella jamás obtendrá la felicidad en el otro mundo.

Confucio seguido por un discípulo

La casa de los dioses es tan difícil de alcanzar como la cima de una gran palmera; el que sube hasta arriba percibe el sabor del cielo, mientras que el que cae se estrella.

No cuentes con el silencio de los valles pues los dioses están por encima de las montañas.

Las miradas de los dioses son como los rayos del sol poniente: iluminan todas las puertas.

Los hombres son para los dioses lo que las plantas de arroz para los hombres; escogen a los mejores y dejan a los demás en el agua pútrida.

Negar la existencia de los dioses es saltar a un foso con los ojos vendados.

Nunca debemos pretender tener a los dioses de nuestro lado; pueden alejarse hacia el otro.

Con o sin gallo, mañana siempre se hará de día.

Si tu corazón está exento de debilidad, no temerás que el diablo llame a tu puerta.

Antes, todas las cosas pertenecían a los dioses; luego, los dioses las prestaron a los hombres.

Tened por norma el saber que emana del Cielo y no os agotéis estudiando los libros antiguos

Los hombres son arcilla, y los dioses, alfareros.

Quien quiere ser temido no debe mostrarse débil con nadie, salvo con los dioses.

Cuando tiene una espada afilada suspendida sobre la cabeza, el hombre se acuerda de los dioses.

Seas justo o injusto, tras la muerte el Cielo lo sabrá.

El ave que se ayuda con sus alas es alimentada por Dios.

La cara de los dioses está bien oculta tras los rayos del sol, la lluvia y las nubes.

Los dioses ayudan al hombre que no permanece acostado boca arriba.

El hombre de bien se encuentra bajo la protección del Cielo.

La oscuridad de la noche es la protección del Cielo.

La ayuda del Cielo se concede a aquel que se somete; la del hombre se concede a quien confía en él.

No enciendas una falsa hoguera ante un dios verdadero.

Mira por encima de ti mismo y agradece a los dioses la suerte que se te da.

Los mortales están sometidos al destino. Nadie es dueño de su vida.

¿Para qué cocinar si la olla está sucia?

El cobarde que teme la muerte es llevado por ella aunque intente, con una escalera, alcanzar el Cielo.

Durante treinta años, he ido en busca de los dioses: cuando por fin he abierto los ojos, he descubierto que eran ellos los que me buscaban.

Cada capullo de rosa, esperanza de las flores, sólo puede abrirse con el consentimiento de los dioses.

No aterrorices al pueblo, porque los dioses ordenan que se le deje en paz.

Si te humillas y escuchas los consejos de un sabio, tu conducta será aprobada por los dioses.

No halagues a nadie, pues la adulación es aborrecida por los dioses; si no dejas hablar a tu corazón con toda libertad, ninguno de tus proyectos verá la luz y quedarás expuesto a la vindicta pública.

Ayudar a los pobres es más importante a los ojos de los dioses que honrar a los poderosos.

Los dioses lo prevén todo, aunque los hombres tienen libre albedrío.

Los dioses hacen todas las cosas en silencio.

Quien reduce su patrimonio para cederle una parte a quien no lo tiene será acogido entre los dioses conforme a la parábola de las dos ovejas que nadan: una de ellas, esquilada, logra llegar junto al pastor a la orilla, mientras que la otra, cargada con su vellón mojado, sucumbe.

El océano de dolor es ilimitado, pero vuélvete, ahí está la orilla.

Es necesario poseer pan y agua si se quiere afrontar a los dioses con ventura.

Las puertas del Cielo también están abiertas para los pobres.

Vive entre los hombres como si un dios te observase; habla a tu dios como si los hombres te oyesen.

No se labra el Cielo ni se acusa al padre.

Si invitas a un pobre a participar en una comida en tu lugar, después de la muerte ascenderás un peldaño más en el reino de los cielos.

Si pudiésemos pesar la obra de los dioses, todos los destinos nos serían gratos.

Los dioses ponen a los hombres a prueba, no sólo infligiéndoles dolor, sino también aportándoles la fortuna demasiado rápido; para los unos, la recompensa es grande, para los otros es más pequeña.

Los dioses nos han prestado el mundo y así vivimos.

Ese pedazo que tienes, no se lo niegues ni a tus amigos ni a tus enemigos; no atentes contra la vida de tu prójimo ni codicies sus riquezas; así los dioses te garantizarán un lugar en el Cielo.

Los dioses se sirven de una balanza de un justo peso, ven todo lo que hacen los hombres; tú, que descansas o que te sientas o que vagas por los campos y utilizas tu tiempo de distintas maneras, no cometas acciones turbias que puedan percibir las casas cercanas y los propios dioses.

Nuestra conciencia es la voz misma de los dioses.

Si los dioses sólo fuesen justicia, su reino estaría vacío.

Frente a la muerte, todos estamos desnudos para ser iguales ante los dioses.

Quien no teme a los dioses debe ser temido por los hombres.

Los dioses no levantan nada que no puedan bajar a continuación.

Cuando los dioses crean al gusano en el lodo, crean al mismo tiempo su alimento.

Cuando los hombres sufren, los dioses sufren también.

Si los dioses no pueden vivir sin la presencia de los hombres, los hombres no pueden vivir sin la presencia de los dioses, y por lo tanto los dioses no pueden manifestar su poder sin los hombres.

Aquel cuya alma es firme como la roca no tiembla, aquel que ya no siente deseo por todo lo que lo suscita, aquel que no se corroe por las cosas que excitan su cólera, ese ya no puede conocer el sufrimiento

Una vez realizada la obra, retírate: esta es la ley del Cielo.

La caridad hacia el prójimo es un bien precioso; la mano tendida es una cuerda que permite subir al Cielo y consuela.

Cuando las justas enseñanzas prevalecen en el reino, quien es moralmente inferior sirve al hombre moralmente superior, y quien es mentalmente inferior sirve al hombre mentalmente superior. Cuando las justas enseñanzas no prevalecen, el pequeño sirve al grande, el débil sirve al fuerte, el hijo, al padre; por lo tanto, es necesario que el señor se comporte como señor, el vasallo como vasallo, el padre como padre y el hijo como hijo, y así la armonía reinará bajo el Cielo.

Podemos sustraernos a las desgracias que nos envía el Cielo, pero si nosotros mismos nos atraemos desgracias, ya no es viable. Bondad, justicia, fidelidad, y el gozo que aportan las virtudes, todo ello constituye la nobleza del Cielo.

Su decepción es extrema: en efecto, también deben renunciar a la nobleza del hombre.

Respeta a los espíritus celestes y terrestres, pero mantenlos a distancia.

Un hombre que posee un alma maravillosa tiene siempre algo maravilloso que decir; sin embargo, el hombre que dice cosas maravillosas no posee necesariamente un alma maravillosa digna de ser trasplantada a los jardines celestes.

El hombre justo vive su vida de forma coherente, esperando con serenidad ser el elegido por los dioses, mientras que la persona vulgar sigue caminos peligrosos, esperando en la incertidumbre que la suerte actúe en su beneficio.

La red de la justicia celeste se extiende por todas partes, aunque con grandes mallas, y no deja escapar nada.

En la guerra entre los espíritus llamados celestes y los demonios, ni los unos ni los otros luchan por la dominación del infierno; por lo tanto, cualquiera que sea el vencedor, el infierno sigue siendo el infierno.

Los chinos adoran a espíritus malignos como el dios de la Pestilencia y el dios del Fuego, maltratan a los dioses honrados como el dios de la Tierra y el dios de la Cocina; hacen lo mismo con sus emperadores.

Un hombre me dijo un día: «Ven, quiero enseñarte el lugar donde el Cielo y la Tierra se tocan». Marchamos y deposité mi cesta en una abertura del Cielo. Después de decir mi oración, quise recuperar mi cesta, pero no la hallé. Pregunté entonces a un hombre: «¿Es que también aquí hay ladrones?». Me respondió: «¡Es la rueda del Cielo que gira, espera hasta mañana y volverás a encontrar tu cesta en el mismo lugar!».

Sólo los dioses viven en la perfección y la sabiduría; el hombre vive, en cambio, en la imperfección y la desobediencia.

Nunca te burles de un hombre que está en manos de los dioses, no te muestres cruel con él si comete una falta, pues la desgracia podría visitarte.

Los hombres están hechos de paja y arcilla, los dioses son sus albañiles. Cada día, derriban y construyen, crean a su voluntad mil mendigos o mil funcionarios.

Cuando el mensajero de la muerte venga a buscarte para llevarte y trasplantarte al jardín de los dioses, procura que te encuentre preparado. Por desgracia no podrás hablar porque estarás paralizado por el terror. Nunca digas: «Vienes a buscarme cuando aún soy joven», pues no sabes en absoluto cuándo vendrá tu muerte. La muerte viene, se lleva al hombre maduro o incluso arranca al niño del seno de su madre. Actúa como te digo, serás un hombre bueno y todos los males se alejarán de ti.

Sólo un borracho puede pretender explicar los misterios de los dioses, los sabios renuncian a ello.

El conocimiento del alma y su calidad es la llave que permite entrar en el reino de los dioses; por ello, intenta conocer tu corazón. Es una sustancia noble cuyo origen es divino.

La pierna no se cansa de caminar; el ojo, de ver; la mano, de trabajar; la lengua no se cansa de hablar; la cabeza rechaza la trenza; el espíritu del hombre no renuncia al deseo; su corazón jamás se cansará de adorar y servir a los dioses.

Di siempre la verdad, no te enfades jamás, da lo poco que tengas si te lo piden. Estas tres virtudes permiten elevarse hasta los dioses.

Las criadas de un sabio, al barrer la casa, querían echar a la calle a las crías de la gata. El sabio les dijo: «Dejadlas tranquilas, ¡la clemencia de los dioses beneficia a todas las criaturas!».

Aquel que se venga sufrirá la venganza de los dioses.

Si te sometes y sigues las enseñanzas de un sabio, tu conducta será alabada por los dioses.

El consentimiento de los dioses se asemeja a una presa que retiene las aguas de un río desbordante; se asemeja a un lugar fresco que cobija el sueño hasta el alba; es como un rincón cálido y seco en invierno; es como una montaña que retiene la tormenta cuando el cielo está tumultuoso.

Una obra bien iniciada siempre es terminada por los dioses.

Desde que existen los dioses, los cuerpos se van y otros cuerpos los sustituyen. Ninguno de ellos puede llevarse sus bienes consigo. Nadie que haya abandonado este mundo ha podido volver atrás para recuperarlos.

Toda obra del hombre es vana si no se sitúa bajo los auspicios favorables de los dioses.

A los hombres les resulta fácil extraviarse; a los dioses les resulta fácil volver a llevarlos al camino recto.

El dinero lo compra todo, hasta los dioses.

Aquel que cree de verdad en la ayuda de los dioses recibirá la ayuda de los dioses.

Quien prevé una dura prueba en su vida duplica su compromiso y su fe en Dios.

En su trabajo, el hombre halla la dignidad, pues colabora con los dioses en las obras de la naturaleza.

Las cosas del Cielo sólo son vistas por quien cierra los ojos y cree en ellas.

No desprecies el débil pabilo encendido por los dioses en el umbral de tu casa: mientras esperas la mañana podrá servirte.

Los dioses escuchan las oraciones del corazón y no las de la boca.

Cada alegría, cada deseo carecen de valor si no van precedidos y no concluyen con un pensamiento para los dioses.

Quien se opone a la venganza de los dioses se atrae sus rayos.

La soledad resulta difícil de soportar cuando no se tiene por compañía a los dioses.

Que la oración dirigida a los dioses sea la llave del día futuro.

La belleza de las cosas, más que su utilidad, incita al hombre a volver su alma hacia los dioses que las han creado.

Los molinos de los dioses muelen muy despacio, pero mucho más amarga es la harina.

No juzgues a tu enemigo, serás juzgado por los dioses.

Levanta los ojos y eleva tu alma; tú, que buscas a los dioses, los encontrarás en este triste mundo.

Esculpimos marionetas en la madera, con caras de ancianos, que accionamos a continuación con hilos; tienen arrugas en el rostro y canas y parecen verdaderos ancianos. Al final de la comedia, vuelven a quedar inertes. Así ocurre con los hombres, atraviesan la vida como si participasen en una gran comedia cuyos hilos son movidos por el destino.

Si de verdad podemos aportarnos nosotros mismos la riqueza y la miseria, entonces los dioses no tienen poder; si nuestra felicidad y nuestras desilusiones dependen de lo que otros dicen de nosotros, entonces es el chismorreo el que hace el mundo.

La fe en la justicia de los dioses es la que sutura las heridas del corazón con un hilo de luz.

Si los dioses no te ayudan, no respondas con un estornudo.

Por una sola hora de los hombres, los dioses han trabajado mil años.

Quien olvida a los dioses en la riqueza no los hallará en la miseria.

Con viejas sandalias y una túnica raída, es más fácil entrar en el jardín de los dioses.

Los dioses dejan hacer, pero no siempre dejan terminar.

Al acercarnos a los dioses, nos alejamos de lo que somos para acercarnos a lo que seremos.

Cuando los dioses quieren, puede hacer sol o puede llover.

Antes incluso de que abras la boca, los dioses saben lo que te espera.

Es el corazón y no la razón el que percibe la presencia de los dioses.

El martillo de oro no quiebra la puerta del jardín de los dioses.

El hombre es un gran prodigio de los dioses, el arte es un pequeño prodigio del hombre.

Quien confía en la bondad de los dioses ve sus oraciones escuchadas en todo momento.

En el libro de los dioses, se inscribe cada lágrima y cada sonrisa.

Amor y luz: tales son los dos testigos de la presencia de los dioses.

Las estrellas están en el cielo para recordar a los mortales el objetivo hacia el que deben tender.

Quien prescinde de los dioses necesita a todo el mundo.

Todo lo que hay bajo el cielo es el bien de todos.

Los dioses lo ven todo, pero fingen caminar con la cabeza baja.

Los dioses esperan siempre la llegada del rezagado.

Cada pena soportada es un peldaño ascendido en el palacio de los dioses.

La naturaleza es perfecta; sepamos, pues, honrarla.

El universo es eterno, el universo dura siempre, pues no vive para sí y por ello puede durar mucho tiempo.

Los grandes ríos y los mares se convirtieron en señores de los abismos, porque supieron mantener sus aguas bajas para evitar las inundaciones.

Nada es más flexible y débil que el agua, pero para quitar lo duro y lo fuerte, nada la supera. Y nada podría sustituirla.

El gusano de seda teje su capullo y permanece en el interior, prisionero; la araña teje su tela y permanece en el exterior, libre.

Un jardín particular debería incluir una parte rústica e inculta; si este deslumbra ya por su suntuosidad, su parte yerma cortará el aliento.

Todo el universo es una posada, no busques en él un remanso de paz: todos tus parientes se encuentran en él, así que espera molestias de todos.

Cuando el barco ha llegado al centro del río, es demasiado tarde para taponar la vía de agua.

Un corazón recto emociona a Cielo y Tierra.

Actuar es fácil, saber es difícil.

Todo lo que está bajo el Cielo tiene un origen, este origen es su madre.

La naturaleza no es cortés, trata a los hombres como si fuesen perros fantoches destinados al sacrificio.

¡El universo se asemeja a un fuelle! Está vacío, pero no se agota, cuanto más te sirves de él más aire produce.

Los días y los meses pasan como la lanzadera del tejedor.

Al llegar a su cenit, el sol comienza a declinar.

De un trozo de arcilla, se modela un jarrón, el vacío en el jarrón permite su uso.

Las cosas infinitas toman forma y se vuelven activas, pero después vuelven a su estado de quietud. Así ocurre con las plantas, que crecen, exuberantes y magníficas, y luego regresan al suelo del que nacieron.

Hablar poco es conforme a la naturaleza. Un torbellino no dura toda la mañana. Un aguacero no dura todo el día. ¿Quién los produce? El Cielo y la Tierra. Si los fenómenos del Cielo y la Tierra no son duraderos, ¿cómo podrían serlo las acciones humanas?

El hombre imita a la Tierra, la Tierra imita al Cielo, el Cielo imita al Tao, que no tiene otro modelo que él mismo.

El Cielo y la Tierra se unieron y cayó una suave lluvia que, independiente de la voluntad de los hombres, difundió el bien por todas partes con justicia.

El Gran Tao se expande como una ola, es capaz de ir a la derecha y a la izquierda. Todos los seres han nacido de él sin que él sea su autor. Realiza sus obras, pero no se las apropia. Protege y alimenta a todos los seres sin ser su amo, así puede llamarse grandeza. Porque no conoce su grandeza, su grandeza es perfecta.

Sale el sol y el cielo se vuelve límpido, sale el sol y la tierra se vuelve estable, sale el sol y los valles se llenan, sale el sol y todas las cosas viven y crecen. Sin el sol, el terremoto puede sacudir la tierra; sin el sol, los valles podrían hundirse; sin el sol, que da la vida, todas las cosas podrían perecer.

23

El estruendo de las rocas que se derrumban es preferible al tintineo del jade.

La flexibilidad acaba con la rigidez.

Si la puesta de sol es roja como pintura y no llueve, hará viento.

Cuando el mundo vive en paz, los caballos de carreras se utilizan de nuevo para tirar de los carros llenos de basura: cuando el mundo vive en guerra, la caballería invade los campos.

Quien sabe cuidarse no encuentra rinoceronte ni tigre al viajar por la tierra y no lleva coraza ni arma al penetrar en el seno del ejército enemigo.

La Tierra crea a todos los seres, la Tierra los alimenta, la Tierra les da forma, la Tierra los hace crecer y los desarrolla, les ofrece un abrigo, un lugar donde vivir en paz, les da la vida y no los posee, los ayuda y no se los apropia. Es superior a ellos, pero no los controla.

Al principio del invierno, el campesino tapa las brechas, cierra las puertas, deshace los enmarañamientos de hierbas secas, apaga la luz y sofoca el tumulto del vino perfumado en los toneles. Eso es lo que debe hacer. Así, el odio ya no podrá afectarle, la desgracia ya no podrá alcanzarlo, el deshonor ya no podrá golpearlo, porque está apartado del resto del mundo.

El árbol cuyo tronco consigues abarcar comenzó siendo un joven brote.

Un cultivo en terrazas de nueve pisos comienza por un terrón.

Al nacer, los hombres son tiernos y débiles, la muerte los hace duros y rígidos. Al nacer, las hierbas y árboles son tiernos y delicados, la muerte los hace secos y flacos. Lo que es duro y rígido acompaña a la muerte. Lo que es tierno y débil acompaña a la vida.

El campesino en su campo aprende siempre lo que aún no sabe, reconstituye lo que ha perdido en invierno, de forma que ayuda a la naturaleza sin querer imponerse a ella.

Cuando un árbol es duro, debe ser abatido.

El vino disipa el dolor, y cuando se está achispado es el mejor momento; nuestras elucubraciones imaginativas se transforman en poesías y excelentes versos salen espontáneamente de nuestra pluma.

Hay cuatro reglas para vivir en la montaña: hacer que los árboles no se coloquen de modo artificial, que las rocas no se pongan en orden, que las casas no presenten ningún lujo, que el corazón humano no comporte ningún artificio.

Deberíamos ver la sombra de las flores en el agua, la sombra de los bambúes bajo la luna y la sombra de la belleza detrás de la cortina de una puerta.

Oculta la expresión de tu antipatía personal en un vaso de vino; disimula tu piedad por la humanidad en tus poesías.

Atraviesa las montañas célebres igual que lees los libros raros, avanzando a pasos cortos si te sientes fatigado, o recorriendo cien millas si te sientes capaz de hacerlo. No camines con un cronómetro en la cabeza; detente únicamente ante aquello que regocija tu vista y tu espíritu.

El amor por las montañas y los ríos es bueno y no es perjudicial. Deleitarse con la luna, la brisa, las flores y los bambúes es, asimismo, bueno.

Mirar la flor del cerezo cubierta de nieve, examinar los crisantemos durante la helada y cubrirlos con paja, cuidar las orquídeas durante la lluvia y oler su perfume delicado, escuchar los bambúes ondular bajo la brisa: tal es el reposo y la alegría del campesino, pero también es el momento más significativo para quienes estudian la naturaleza.

Cuando el té está bien preparado y la fragancia del incienso es pura, es agradable recibir a unos amigos en casa; cuando los pájaros gorjean y los pétalos de las flores caen, incluso la soledad es una alegría para el alma.

Lees cuando arde el incienso y cuando se han llevado a cabo todas las obligaciones humanas, mientras más allá del biombo caen todos los pétalos de las flores, la luna ha subido a la cima de los pinos y, de repente, oyes la campana del templo: este instante tiene más valor que la jornada entera.

El vino y la poesía proporcionan ocasiones para el deleite, pero la menor pérdida de libertad las convierte en un infierno.

Al descender la corriente de la primavera en una barca pequeña, incluso el espíritu más convencional se siente moderno; al escuchar la lluvia que cae por la noche, en compañía de un vaso de vino solitario, incluso el corazón más fuerte se siente emocionado.

En cada vaso de vino, hay un caudal de poesía.

Cuando cae una lluvia fina, cierra la puerta y, sin hacer nada, tiéndete en un gran almohadón, saca agua de manantial y saborea varias tazas de té de estación, admira la luna brillante y escucha la brisa delicada. Solamente así conocerás una perfecta serenidad.

Vista desde esta montaña, aquella parece más alta.

No escuches a los demás, mira simplemente cómo se abren las flores, cómo se marchitan las flores, no digas: «Este hombre tiene razón», «Este hombre está equivocado», no dejes escapar la luna centelleante entre las flores y la brisa delicada entre los pinos, cierra tu puerta y echa una buena cabezada.

Ji = Sol

La vida en la montaña presenta ocho ventajas con respecto a la vida en la ciudad: no conoce convenciones estrictas, ni visitantes extraños, uno no se embriaga ni con los vinos ni con las carnes, no hay luchas por la propiedad, no se teme al traidor, no se disputa sobre lo que es justo o injusto, no se imprimen artículos literarios y ni siquiera existe el chismorreo.

Chuan = Agua

Cuando ha cesado la lluvia y el aire es fresco, cuando tienes pocas ocupaciones y tu espíritu está disponible, escucha el sonido de la flauta de un vecino mientras las largas notas persiguen a las claras nubes y la lluvia que se aleja: te parecerá entonces que cada nota cae y se refugia en tu alma.

Shan = Montaña

Cuando las ocas salvajes griten en el cielo y las nubes de la montaña ensombrezcan vuestra torre, cuando mil vientos ordenen a la lluvia que avance, instalaos en un lecho para echar una cabezada y vuestros sueños estarán hechos de poesía.

Mu = Árbol

Jen = Hombre

La poesía regocija la mente y el vino regocija el alma. Si la poesía lleva a sentir celos de la celebridad ajena y el vino lleva a disputas de borrachos, ¿por qué estas dos cosas proporcionan placer al alma y a la mente?

No pronuncies opiniones arbitrarias, no cuelgues tu dolor al borde de tus pestañas; mejor planta flores y bambúes en los lugares que les están destinados, cría peces y gallinas; son fuentes de alegría.

Mira la belleza igual que miras unas bellas nubes y tus pasiones de mortal se suavizarán; escucha el canto de las flautas igual que escuchas correr el agua de un río límpido.

Cuando se retira el agua tras una tempestad, aparecen las piedras.

Un árbol vigoroso difunde sus frutos en los alrededores y sus ramas dan mucha sombra, como la familia que se separa cuando han crecido los hijos.

Si el viento es fuerte, cede al viento; si la lluvia es fuerte, cede a la lluvia; si el sol quema, protégete la cabeza.

Quien vive a orillas de un río o un estanque conoce la naturaleza de los peces, quien reside en las colinas distingue el canto de los pájaros y sabe dónde hacen su nido.

Recubre tu tejado antes de la llegada del invierno, cava un pozo antes de la llegada del verano.

Incluso cuando hayas comido bien, llévate provisiones para el camino; si hace buen tiempo, llévate un paraguas.

Los peces grandes se comen a los pequeños, los peces pequeños se comen a las gambas.

La liebre no pace la hierba cerca de su cama.

No puedes coser sin aguja ni remar sin agua.

Cada río tiene su fuente, cada árbol tiene su raíz.

Espera a que el río Amarillo deje de estar turbio y envejecerás bien.

Es preferible sufrir sobre la tierra y dormir en ella, incluso sin estera, que descansar en la tierra en una gran estera.

El martín pescador y la ostra se pelean, el viejo pescador se beneficia de ello.

El Cielo lo sabe, la Tierra lo sabe, vosotros lo sabéis y yo lo sé: durante el año del burro florecerán los árboles de hierro.

Quien es necio permanece en un pozo y desde allí mira el cielo; quien está en el cielo, en cambio, no debe mirar en vano dentro del pozo.

Quien abre la puerta mirando hacia arriba saluda al ladrón que entra por debajo.

Un árbol grande da una gran sombra, un árbol pequeño sólo puede dar sombra a los necios.

El pequeño gorrión persigue al gran halcón.

Mi vieja escoba vale para mí un tesoro.

El lechón recién comprado no se alimenta de habas y salvado.

Cuando desaparece el sol detrás del arroz, los pájaros dejan de saciarse.

En la bruma, no se ve ni el río ni la montaña.

La flor caída del árbol no regresa a la rama.

Las chozas de caña resultan demasiado frágiles en los arrozales de otoño.

Si faltase la exuberante floración de los cerezos, la primavera sería una paz serena.

Querer pescar la luna en el agua es trabajo perdido.

El polvo amontonado y llevado por el viento puede formar una montaña.

Semilla no sembrada no produce nada.

Recoge las semillas con las uñas y las pierde con un tamiz.

Mira el cielo cuando camines, ya que un pájaro puede levantar el vuelo delante de ti.

Después de la lluvia, el suelo se endurece.

Hombre y mujer son necios cuando miran el cielo a través del ojo de una aguja.

Aunque las flores no hablan, huelen bien.

Las abejas pican los rostros de quienes siempre lloran.

Es bueno ponerse a la sombra de un gran árbol.

En un estanque silencioso, se oye incluso la zambullida de una rana.

El caracol avanza despacio y escala la montaña.

La gaviota nace sobre las olas y muere sobre las olas.

La ola se lleva todo lo que encuentra.

El gato y el ratón no seguirán los mismos caminos.

Ni en el Cielo, ni en mar abierto, ni en el interior de la caverna de una montaña, ni en el rincón más oscuro de tu cabaña encontrarás un lugar donde escapar al castigo de una mala acción.

Que llueva, oh Cielo, cuando quieras; cobíjate, oh hombre, cuando puedas.

El sol que se pone hoy se llevará un día de la vida de todos.

¿Qué puede ver del cielo la rana en el fondo del pozo?

El pescado que no se ha capturado es siempre el más grande, y el anzuelo que se utiliza es siempre el más pequeño.

El pájaro de agradable canto es como un talismán.

La flor perfumada que pisamos no deja de oler bien.

El destino es como un camaleón en la copa de un árbol: basta que silbe un niño para que cambie de color.

El lago no quisiera generar el lodo, pero si el agua se agita, el lodo aparece.

Se necesitan diez años para hacer crecer un árbol; se necesitan cien años para formar a los hombres.

El viento se desplaza más deprisa que quien avanza con paso seguro y rápido.

Cuando las hojas de la higuera se hacen grandes como orejas de ratón, significa que la noche es tan larga como el día.

Cuando el agua sube, el barco se eleva.

Quien ha sido mordido por una serpiente teme hasta la sombra de una cuerda.

Una montaña de gotas hace desbordar el río.

Entre las mil observaciones de un loco, puede haber una que contenga una verdad.

El jorobado no ve su joroba.

La tierra no puede rivalizar con la piedra; sin embargo, la piedra puede perfectamente rivalizar con la tierra convirtiéndose en tierra.

Cuanto mayor es el árbol, más se extiende el frescor de su sombra.

Si el tronco no se mueve, las ramas se agitan en vano.

Un perro agradecido vale más que un hombre ingrato.

Mientras cuentas las estrellas, la más espesa oscuridad te rodea.

El cordero está destinado al cuchillo, el valiente guerrero está destinado a caer en combate.

La existencia es un océano y nosotros, los peces que viven en el mar. Aunque el pez esté sumergido en el océano, ¿cómo puede saberlo?

Yo soy un señor, tú eres un señor, él es un señor, todos nosotros somos señores, pero el caballo, ¿quién va a almohazarlo?

Si quieres conseguir leche, escoge una yegua; te dará leche incluso en el corazón del invierno.

Si dos trozos de madera están secos y otro está verde, el trozo de madera verde arderá con los trozos de madera seca.

Los nidos de golondrinas estériles son inútiles en los árboles.

No puedes impedir a los pájaros nocturnos sobrevolar tu cabeza, pero puedes impedirles hacer su nido en tu pelo.

El verano muere siempre ahogado por el agua del otoño.

La montaña retumba y se desplaza, y luego trae al mundo un ratoncillo.

Al envejecer, los caballos de raza no son mejores que los caballos de tiro.

Cuando el sol se pone, el buey se desploma sobre el arado.

Más vale un asno que lleve a su amo y su carga que un caballo que tire a su amo al suelo.

Cuando el buey rechaza el arado, de nada sirve azotarlo.

El campesino tiembla de frío durante seis meses y tiembla de miedo durante los otros seis.

Para el campo, son necesarias cuatro cosas: un buen buey que trabaje, una buena agua que riegue, una buena semilla que crezca y un buen labrador que jamás descanse.

No siembres el arroz cuando se acerquen los pájaros.

Quien descansa y deja descansar los campos en agosto debe esperar catástrofes.

Quien no tiene gato engorda los ratones y quien tiene un gato engorda el gato y hace enflaquecer a los ratones.

El tiempo es como tu bolsa: no lo pierdas y tendrás suficiente.

La mañana ha nacido de la madre noche.

Cada uno de nosotros construye su propio dios.

El campesino ruega que llueva; el viajero, que haga buen tiempo; los dioses vacilan.

月下獨酌　李白

花間一壺酒，獨酌無相親。
舉杯邀明月，對影成三人。
月既不解飲，影徒隨我身。
暫伴月將影，行樂須及春。
我歌月徘徊，我舞影零亂。
醒時同交歡，醉後各分散。
永結無情遊，相期邈雲漢。

Cuando el asno entra en un templo, no por ello se convertirá en monje.

A la rana no le gusta que se sepa que fue un renacuajo.

La naturaleza rehace siempre las mismas cosas de la misma forma: los años, los días, las horas y las noches, y todo se repite hasta el infinito, para decirnos precisamente que todo es infinito y eternidad.

El frío, el sol, el viento y la lluvia domestican al hombre, a la mujer, al animal y a toda la tierra de la que son hijos.

No alabes la luz del día hasta que hayas conocido la oscuridad de la noche.

Los ríos son carreteras que caminan y que no conducen a donde nosotros queremos ir, sino a donde ellos quieren ir.

Quien ofende al Cielo ya no tiene ningún socorro.

Mientras esperamos el mal, tratemos de hacer el bien: ello nos abrirá el camino del descanso en el reino de los dioses.

Lo humano

El hombre virtuoso busca los acuerdos, el hombre vicioso busca los perjuicios.

El hombre bueno no es amante de llevar la contraria ni discutir, el hombre amante de discutir no es un hombre bueno.

El hombre sabio no sabe mucho, el que sabe mucho no es un hombre sabio.

El mejor de los hombres se parece al agua, que es buena para todas las cosas y no perjudica a ninguna.

El hombre orgulloso no se distingue entre los hombres.

Símbolo de la nobleza de un sabio

Quien conoce a los demás es erudito, quien se conoce a sí mismo es sabio.

El hombre que consigue ver las cosas pequeñas es clarividente.

El hombre equilibrado no se enciende fácilmente.

Aquel que tiene una presa sólida no deja con facilidad lo que posee.

Aquel que sabe no habla, aquel que habla no sabe.

El hombre valiente no es violento, el buen luchador no pierde su sangre fría.

El hombre superior toma la palabra, el hombre vulgar llega a las manos.

No abras tu corazón al taciturno ceñudo, no sueltes la lengua ante el necio charlatán.

No hables de tu éxito personal a alguien que no ha tenido éxito, ni olvides tus fracasos al alcanzar el éxito.

Evita al cobarde, pero no lo conviertas en un enemigo personal; frecuenta al caballero, pero no le digas siempre sí.

Aquel que no está hecho para sentarse en la cima, pero insiste en sentarse en la cima, es sin duda un ser frívolo.

Aquel que no sabe ser útil a la sociedad y, por consiguiente, se pone la máscara del cínico, teme conocer al auténtico héroe.

El verdadero héroe endurece su naturaleza, domina su mente; el necio exhibe su saber y no se domina.

Los antiguos acusaban al Cielo de sus desgracias, los modernos acusan a la Tierra; por esta razón desplazan las tumbas de sus antepasados.

Aquel que vive dentro de los límites de su capacidad no se siente tentado por lo imposible.

Aquel que no saborea sus instantes de felicidad no puede considerarse feliz.

Felicidad y desgracia se condicionan y se suceden una a otra.

Quien siembra generosamente cosecha generosamente; quien siembra poco cosecha poco; quien no siembra nada no cosecha nada.

Aquel que tiene unas miras limitadas no puede tener un gran corazón; aquel que tiene el espíritu mezquino y estrecho no puede ver lejos y avanzar fácilmente.

El hombre de deseos desordenados no puede tener gestos generosos.

El hombre charlatán no puede tener una mente pausada.

El hombre dotado del coraje físico no puede ser refinado.

El hombre inteligente pierde a menudo la serenidad.

El hombre leal se fatiga a menudo.

Aquel que acumula las riquezas es rico materialmente pero pobre de espíritu; el hombre pobre es rico espiritualmente.

Aquellos que no ahorran en el periodo de las vacas gordas lamentan no haberlo hecho en el periodo de las vacas flacas.

Aquel que gusta de divulgar los secretos no debería conocer ningún secreto; a quien gusta de criticar los negocios no se le deben confiar negocios.

La felicidad del hombre realmente competente se lee en su rostro; el hombre feliz disimula sus talentos.

Aquel que hace el mal temiendo que se sepa posee aún un átomo de bien en su mal; aquel que hace el bien y desea que se sepa posee una raíz de mal en su bien.

Aquel que se indigna por las habladurías hipócritas atrae el chismorreo; aquel que aprueba las lisonjas atrae a los aduladores.

Si el rostro de un hombre no expresa un poco de tristeza, sus pensamientos no son profundos.

El general de un ejército vencido no está cualificado para hablar de arrojo.

El fanfarrón rara vez es leal, el hombre de labia rara vez es honrado.

Que el mundo se burle de ti, pase, pero no te dejes ridiculizar por los dioses; que un caballero te moleste, pase, pero no seas amigo de gentes vulgares.

La vejez no es un motivo de pesar para el hombre; el pesar aflige a aquel que ha envejecido sin vivir.

Yo, hombre, mientras tenga piernas, mientras tenga ojos, vaya donde vaya, soy el señor de las montañas y los ríos, del viento y la brisa.

Cuando hagas algo, actúa siempre de forma que no des motivo de contento a tus enemigos.

Los hombres se equivocan, musulmanes, cristianos y judíos. Sólo dos personas forman la secta universal: el hombre inteligente, sin religión, y el hombre religioso, sin inteligencia.

Hombre es aquel que se sienta en una silla de manos; hombre es aquel que lo transporta.

Todos los hombres tienen un rostro; como todos los árboles tienen una corteza.

Los sabios son como el trigo y el arroz, los incultos son como los juncos y la hierba.

Por la naturaleza, los hombres se acercan mucho unos a otros; por la educación, se alejan mucho.

Con los buenos, serás bueno, con los malos, serás bueno también para hacerlos buenos.

Quien conoce a los demás es sabio, pero quien se conoce a sí mismo es perspicaz.

Aquel que puede dominar a los demás es fuerte; aquel que puede dominarse es todopoderoso.

Quien no conoce la suficiencia es rico.

No es frecuente que el hombre llegue a los cien años, pero ¿qué ventaja obtiene cuando los alcanza?

Si el pobre tiene piojos, el rico tiene abscesos.

Para el sabio, hay algunas cosas que resultan pesadas: las ceremonias de un día de abstinencia, los negocios que duran varios días, un largo retiro en el templo.

Para el sabio, hay algunas cosas que resultan despreciables: un hombre considerado demasiado bueno y un muro de tierra derrumbado.

La costumbre es una segunda naturaleza.

El hombre acorralado salta el muro, el perro acorralado sube al tejado.

Maldice a un hombre y habrá dos tumbas.

El hombre sólo vive una vez, pero su reputación es eterna.

Vive de forma que no hagas daño a nadie, tal es la aspiración suprema.

Si un hombre, en el transcurso de una batalla, derrota a mil guerreros mientras otro hombre sólo se domina a sí mismo, este último es el más fuerte.

El deseo de un hombre despreocupado se desarrolla tan libre como una liana.

Felices los sordos y los ciegos, son los únicos que viven realmente, no oyen las palabras duras ni ven el triunfo de los malos.

Cada día, reflexiona sobre ti mismo y formúlate esta pregunta: ¿qué tengo en común con las bestias y qué tengo en común con los hombres buenos?

El hombre sólo aprende en los libros, mientras que la mujer ha sido dotada por la naturaleza de la intuición.

Invita a todas las personas que conoces ante un único cuenco: será fácil convencerlas de que son hermanas.

Por el pobre que vive en un barrio animado, nadie se interesa; al rico que vive en el fondo de los bosques no le faltan parientes lejanos.

El sabio no es orador, el orador no es sabio.

Si el hombre está limpio de todo pecado, la túnica que lleva es siempre hermosa.

Los hombres son como las vasijas que contienen en el fondo un jugo amargo y justo cerca del gollete un poco de miel. Quien las prueba es embaucado hasta que descubre su verdadero contenido.

La enfermedad del anciano es aliviada por un solo remedio: la tumba.

Los hombres actúan un minuto en el escenario de la existencia y luego se sumergen en los abismos de la nada.

En el círculo de la existencia, el hombre tranquilo es a la vez la línea de la esperanza y el punto del miedo.

Puede cambiar la piel, no la pulpa.

El hombre paciente se convierte en rey de China.

Ya seas un rey o un presidente, ya seas un halcón o un tímido gorrión, ya seas un ateo o un ermitaño piadoso, mientras no te conozcas a ti mismo sólo serás un presuntuoso.

Aquel que teme arriesgar su vida o gasta su dinero con avaricia jamás será jefe ni monarca, ni hará jamás grandes conquistas.

Si te falta un corazón de guerrero, jamás tendrás ejército.

El hombre es el espejo del hombre.

Quien quiere saber qué sabor tiene el mundo debe probar la hiel; quien no conoce el corazón humano sólo ve una flor.

Más vale vida penosa que muerte tranquila. Mejor sufrir que morir.

El rico no sabe lo que son las penas del pobre.

Tened enseñanzas para todo el mundo, sin distinción de clases o rangos.

Abominable es el hombre que hace un mal uso de su tiempo.

El elogio realizado con afecto tiene mayor valor que el granero de trigo.

No pases a toda prisa delante de un extranjero, ofrécele, por el contrario, el doble de lo que das a tus empleados.

No te rías de un ciego, no te burles de un lisiado, no humilles a un tartamudo, mañana podría tocarte a ti.

El hombre que profiere malvadas palabras no debe esperar oír buenas palabras.

La ruina de un hombre reside en su lengua, procura no perjudicarte a ti mismo.

El hombre únicamente conoce la verdadera felicidad con su primera compañera.

Es la pobreza lo que forma a los hombres.

Como eres un hombre, jamás anuncies lo que ocurrirá mañana, pues las cosas humanas se modifican más deprisa que el aleteo de una mosca.

Los hombres perecen porque no saben enlazar el principio con el fin.

Tan pequeño es el hombre para los dioses como lo es el niño para el hombre.

Qué malos testigos son los oídos y los ojos de los hombres cuando estos tienen almas de bárbaros.

Como no puede esperarse un discurso de un muerto, no puede esperarse una buena acción de un avaro.

Ser un hombre es motivo suficiente para estar triste.

Quien no se acuerda del bien que le han hecho es viejo en su alma.

Desnudos venimos al mundo y desnudos descendemos a la tierra.

Más vale vivir con un solo compañero, libre y sin temor, que servir a una numerosa compañía.

No te comportes como si hubieras de vivir mil años, lo inevitable te amenaza; mientras estés vivo y mientras te sea posible, sé un hombre honrado.

Si eres rico, toma tu comida cuando quieras; si eres pobre, cuando puedas.

Con compañeros de francachelas no hay que intimar.

Jamás se ha visto a un hombre que haya vivido durante la eternidad.

Si leéis en un libro que quien canta es feliz de verdad, sabed que quien lo ha escrito es un soñador que no llegará a nada bueno en mil años.

Choza de un ermitaño y estela que lleva una inscripción hallada en la entrada

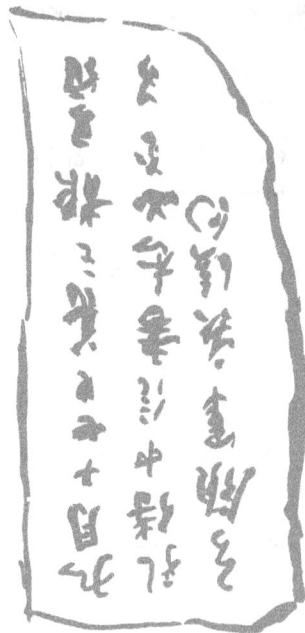

Si leéis en un libro que un niño responde sabiamente a un anciano, sabed que quien lo ha escrito sin duda no tiene hijos.

Si leéis en un libro que un padre ama a su hijo, aunque este sea anormal o malo, el hombre que ha escrito ese libro es sin duda un sabio.

Los hombres muy moderados abren las ostras con la fuerza de su voluntad.

El necio muestra su cólera de inmediato; el hombre sagaz disimula la injuria.

Quien dice a su amigo palabras hipócritas o aduladoras tiende una espesa red de cuerda en torno a sus pasos.

El gobierno del hombre juicioso será estable.

Sólo el hombre lleno de humanidad puede amar verdaderamente a los hombres, y puede odiarlos de manera conveniente.

El hombre superior es aquel que en primer lugar pone sus palabras en práctica, y a continuación habla conforme a sus acciones.

Si el pensamiento se dirige sinceramente hacia las virtudes de la humanidad, no se cometerán acciones viciosas.

El hombre que ofrece no dice: «Ven a buscarlo».

Jamás le crees problemas a un hombre cuya mujer está embarazada y cuyo granero de trigo está lleno.

De tal amo, tales bestias.

El hombre superior se conduce siempre conforme a la rectitud y la verdad, y no tiene obstinación.

Si las expresiones de las que uno se sirve son claras e inteligibles, eso basta.

Adquirid la obligación de practicar la virtud de la humanidad y no la abandonéis ni siquiera por exhortación de vuestros profesores.

La guerra utiliza lo mejor del hombre para realizar el peor de los males.

*Reproches
de un marido*

Los hombres tienen tendencia a casarse, y así se ahorran grandes penas.

Del mismo modo que no se confían objetos cortantes a un niño, no hay que confiarle a un hombre más poder del que sabe utilizar.

Cuando un hombre se hace famoso, son numerosos los que enseguida declaran haberlo conocido muy bien en la escuela.

Las promesas que ayer hizo el nuevo mandarín son los impuestos de hoy.

Existe un poco de bondad en el peor de los hombres, así como un poco de maldad en el mejor de ellos.

Las buenas acciones no se conocen fuera; de las malas acciones se habla a cien leguas.

El recuerdo de los hechos pasados es una enseñanza para el futuro.

Los hombres vulgares no conocen los decretos del Cielo, y por consiguiente no los revelan; hacen poco caso de los grandes hombres y se burlan de las palabras de los santos.

El hombre pronuncia palabras malévolas no contra los desgraciados, sino contra aquellos que han tenido suerte.

Frente a un hombre, no vayas a mentir; frente a un hombre perspicaz, no disimules.

El hombre es por naturaleza crédulo o incrédulo, tímido o temerario, según le convenga.

Como los hombres no han podido poner freno a la muerte, la miseria y la ignorancia, para vivir felices han decidido no pensar en ello.

Debes prevenir el mal antes de que exista. Debes poner orden antes de que estalle el desorden.

Cuando el hombre fuerte, valeroso y armado protege sus bienes y su familia, lo que posee está al abrigo.

Todo hombre es esclavo de la vanidad.

El pensamiento hace al hombre mayor que una montaña.

La bondad superior es como el agua, que es apta para favorecer a todos los seres y que no rivaliza con ninguno.

La característica de una gran virtud reside en su adhesión exclusiva al Tao.

La grandeza del hombre es tal que se trasluce en su miseria.

En el cielo no hay dos soles; en un país no hay sitio para dos reyes.

De tanto querer ser astutos, a veces somos víctimas de nuestra propia malicia.

Un hombre honrado no se pelea con una mujer, un buen gato no se pelea con un perro.

El hombre es el animal más valiente de la Tierra; por eso ha dominado a todos los demás animales.

También ha sabido dominar cada uno de sus dolores, pero el dolor de ser hombre sigue siendo el más profundo.

Los hombres buenos jamás dicen la verdad; permanece en su garganta para no hacer sufrir a su prójimo.

Lo más extraño en un hombre sabio es que habla de todo con sentido común y perspicacia.

Si estás bajo un tejadillo bajo, ¿cómo te atreves a no bajar la cabeza?

Un hombre desprovisto de estima y reputación es como una preciosa ave sin voz ni cola.

Cuando el hombre sufre, debe mostrarse paciente y confiar, porque el día siempre sucede a la noche.

El atrevimiento del hombre malo no está hecho de otra cosa que de la cobardía del hombre probo y bueno.

Los sabios han escrito que siempre existirán hombres buenos, pero buenos y sabios, jamás.

La característica del necio es que trata de ser astuto.

Lo que estropea la vida del hombre es que habla mucho y sabe poco, gasta mucho y posee poco, presume mucho y vale poco, come mucho y bebe aún más.

El hombre que lee mucho se convierte en sabio, pero aquel que observa sabe mucho más que el sabio.

Aquel que te parece feliz es a menudo más desgraciado que tú.

Ningún hombre puede ser feliz si no tiene estima por sí mismo.

El hombre que logra vencer sus hábitos se mantiene siempre joven.

En los grandes dolores se revela el sabio; en las pruebas prosperan las naciones.

La tradición conduce al hombre a numerosas locuras; la mayor es la sumisión.

Quien habla demasiado cometerá errores; quien come demasiado perjudica su salud.

Al hombre poco honrado, el azar le es muy útil.

Las puertas de los jardines celestes se abrirán de par en par para el hombre que era puro cuando vino al mundo y lo sigue siendo cuando sale de él.

Aquel que desprecia las pequeñas alegrías tampoco aprecia mucho las grandes.

El dinero es un tesoro muerto, unos hijos son un tesoro vivo.

Igual que el hombre que no cree habla de fe, el hombre injusto habla de justicia.

No hay hombres que no conozcan el sufrimiento, y si hay uno, ese no es un hombre.

Las alegrías son el carro del hombre; los dolores, las espuelas que se hunden en su caballo.

El hombre manda cuando puede, la mujer obedece cuando quiere y cuando cree querer.

Si no se trabaja, el jade no se vuelve un objeto útil; si el hombre no es puesto a prueba, ¿qué sabemos de su virtud?

El hombre tranquilo se convierte en guía del universo.

Aquel que ama la violencia morirá sin duda por la violencia.

Los hombres deberían rehusar hacer pequeñas cosas antes de haber hecho grandes cosas.

No es lo mismo matar a un hombre con un palo o con una espada; no es lo mismo matar a un hombre con una espada o con medidas gubernamentales; lo que atraviesa el pensamiento ajeno puede leerse mediante la reflexión.

Sólo el hombre que siente desprecio por sí mismo es despreciado por los demás; sólo el que destruya a su familia será destruido.

En los periodos de vacas gordas, los hijos de los hombres son casi siempre buenos; en los periodos de vacas flacas, casi siempre son malos.

La bondad es la justa cualidad que el hombre debe poseer en abundancia, la justicia es el justo camino que debe seguir.

Desear lo que es pecado es la tendencia natural de los hombres. Todo hombre lleva en su interior bondad, pero no consigue descubrirla porque no reflexiona.

Lo que el pueblo suele considerar honorable, un cargo honorífico por ejemplo, no es verdaderamente honorable, ya que aquel que es honrado por Chao Meng puede asimismo ser deshonrado por Chao Meng.

Al estudiar los defectos de un hombre, se descubre su carácter.

El hombre que comete una falta y no la repara comete una segunda.

Se observa siempre que el verdadero hombre, es decir, el hombre amplio de miras, es valiente; en cambio, no siempre se observa que el hombre valiente posea una verdadera grandeza de alma.

El hombre que ama la verdad o el saber es mejor que el que la conoce, y el hombre que halla la felicidad es mejor que el que la ama.

Hay que pagar con la equidad el odio y las palabras impuras, y las buenas obras con buenas obras.

El hombre superior no da elevación a un hombre por sus palabras; no rechaza unas palabras a causa del hombre que las ha pronunciado.

Los hombres permanecen sumergidos por lo que les rodea, a lo que están apegados.

La elocuencia causa problemas al hombre demasiado charlatán, ya que hablar significa pronunciar un gran número de palabras, y aunque es fácil dejarlas escapar es difícil volver atrás.

El hombre mezquino a menudo tiene problemas, porque no tiene la mente abierta.

Aquellos que viven con extravagancia son propensos al orgullo; aquellos que viven con sencillez son propensos a la vulgaridad. Preferid los vulgares a los orgullosos.

El caballero se quita la razón a sí mismo, el hombre vulgar quita la razón a los demás.

Sed severos hacia vosotros mismos e indulgentes hacia los demás, así alejaréis los resentimientos.

El hombre que no reflexiona ni hace proyectos a largo plazo verá deteriorarse su tejado, así como el umbral de su casa.

El hombre que no sabe soportar las pequeñas molestias ni se conforma con ligeras ventajas, sino que quiere únicamente ventajas consistentes, a menudo hará caer al agua grandes proyectos.

Invocación de un sabio

No rebelarse cuando uno es engañado por los hombres, no prevenirse contra su falta de fe cuando se ha previsto de antemano, ¿no es acaso ser sabio?

Un hombre que posee maravillosos talentos no es digno de una mirada si es orgulloso y egoísta.

Si el hombre superior no se muestra prudente frente a sí mismo ni en su comportamiento frente a los demás, entonces no es un hombre noble.

Cuando veáis a un sabio, reflexionad acerca de si tenéis las mismas virtudes que él. Cuando veáis a un hombre perverso, entrad en vuestro interior y examinad atentamente vuestra conducta.

Aquel que una vez se ha doblegado a sí mismo ya no puede enderezar a los demás hombres.

Se puede matar al comandante de un gran ejército, pero jamás se podrá destruir la ambición del hombre vulgar.

La virtud no va sola, siempre tiene imitadores.

El hombre reflexiona sobre todos los problemas que afectan al comportamiento humano, pero jamás lo hace sobre su propio comportamiento.

Para el hombre, todo el género humano se resume en un solo hombre; para el sabio, que gusta de vivir en armonía con los principios de la verdadera humanidad, el género humano parece simplemente un peso que arrastrar.

El hombre que, en lo más profundo de su corazón, siente que es feliz, espontáneo y generoso, ve en el género humano a un solo hombre al que ayudar y entender.

Cuando el hombre superior aparece en público, siempre debe comportarse como si recibiese en su casa a personas dignas de mucha estima.

Cuando un hombre gobierna al pueblo, debe comportarse como si estuviese adorando a los dioses.

Cuando un hombre no quiere que le hagan lo que él no hace a los demás, todo el mundo está satisfecho.

El hombre superior no critica a sus semejantes por errores que comete él mismo ni incita a los demás hombres a avergonzarse de sus faltas.

El hombre que se aleja del camino recto por debilidad es un cobarde. El hombre que combate su debilidad para no alejarse del camino recto es fuerte y sabio.

Cuando es humilde y piadoso, el hombre raramente comete errores.

Cuando está dotado de un corazón sincero, el hombre es digno de confianza; cuando está dotado de un carácter sencillo, el hombre es generoso y rara vez se equivoca al juzgar a los demás.

El hombre que logra evitar la agresividad, el orgullo, el rencor y la codicia es un hombre superior.

El hombre superior no debe ser un buen orador; cuanto más habla para defender su persona más lo odia la gente. ¿De qué sirve entonces ser buen orador?

Aquel que no es un hombre superior no puede soportar mucho tiempo la pobreza; aquel que es un hombre superior no puede soportar mucho tiempo la riqueza; el hombre sabio considera que es más interesante adoptar un comportamiento conforme a los principios de la verdadera humanidad.

El hombre puede ensanchar el camino de la virtud; el camino de la virtud no puede ensanchar al hombre.

El hombre superior no debe actuar ni por un instante contra las virtudes de la humanidad. En los momentos más tensos, como en los más confusos, debe adaptarse a ellas.

Las faltas de las personas resultan relativas al estado de cada cual. Al examinar con atención estas faltas, se llegó a saber si su humanidad era una verdadera humanidad.

El hombre sabio no conoce ninguna incertidumbre.

El verdadero hombre jamás debe conocer el dolor.

El hombre valiente no tiene que saber qué es el miedo.

El hombre superior comprende lo que es justo; el hombre vulgar comprende únicamente lo que le será útil.

El hombre superior fija sus pensamientos en la virtud, pero el hombre vulgar los destina a la tierra. El hombre superior sólo se preocupa del cumplimiento de las leyes, pero el hombre vulgar sólo piensa en los beneficios.

El hombre superior jamás olvida la forma en que fue castigado por sus errores. El hombre vulgar se acuerda siempre del beneficio que obtiene.

El hombre superior escucha las opiniones ajenas, aunque no las comparta por completo; por su parte, el hombre vulgar está totalmente de acuerdo con los demás pero no es tolerante para con ellos.

El hombre que sirve a su emperador y que ve su opinión rechazada en tres ocasiones, y pese a ello no abandona su país, no ama la justicia sino los honores y el dinero.

El hombre superior tiene amplitud de ideas para con todos; el hombre vulgar es parcial e incapaz de tener amplitud de ideas. El hombre superior se ocupa de las cosas espirituales y no de su propio bienestar; hacedle cultivar una granja y se morirá de hambre; dejadle dedicarse a sus estudios y se enriquecerá.

El hombre superior no hace más que avanzar. El hombre vulgar no hace más que retroceder.

El hombre de estudio cuyo pensamiento se dirige a la práctica de la razón, pero que se avergüenza de llevar malos ropajes y nutrirse con malos alimentos, aún no es apto para oír la santa palabra de la justicia.

¡Caiga la vergüenza sobre el hombre superior cuyas palabras son más loables que sus acciones!

Cuando un hombre tiene mayor valor del que deja creer, ese hombre parece torpe.

Cuando un hombre deja creer que tiene mayor valor del que tiene, ese hombre parece bien educado.

El hombre de las antiguas generaciones era primitivo, grosero en sus ritos y su música. Pero en las nuevas generaciones se ha refinado en sus ritos y su música. Debes escoger siempre al hombre de las antiguas generaciones, porque en él encontrarás la verdad.

El hombre que parece digno y austero, pero que interiormente está vacío y corrompido, se parece al ladrón mezquino que entra a escondidas en una casa durante la noche a través de una pequeña abertura.

Es difícil que el charlatán de formas persuasivas pueda ser un hombre superior.

El hombre sabio no juzga a una persona por sus palabras: en un ambiente erudito, puede encontrarse con maneras brillantes; en un ambiente inculto, puede asistir a un discurso brillante.

Es raro que un hombre que es buen hijo y buen hermano incumpla la ley; es imposible que un hombre respetuoso de la ley y que sea buen hijo y buen hermano quiera fomentar la rebelión.

El hombre superior se perfecciona gracias a la educación y la cultura, y su regla de vida es comportarse bien: este hombre jamás se apartará de los buenos principios.

Dominad por completo lo que acabáis de aprender, y aprended siempre de nuevo; entonces podréis llegar a ser profesores de los hombres.

En la Antigüedad, aquellos que se entregaban al estudio lo hacían para sí mismos; ahora, aquellos que se entregan al estudio lo hacen para parecer instruidos a ojos de los demás.

Quienes nacen sabios son similares a los dioses, pero nadie nace sabio, así que nadie es similar a los dioses. La sabiduría se adquiere con el tiempo.

El hombre moral se adapta a las circunstancias de la vida.

El hombre moral no desea escapar a su condición.

Las palabras artificiosas pervierten la virtud misma; una impaciencia caprichosa arruina los más grandes proyectos.

El hombre superior se eleva sin cesar en inteligencia y penetración; el hombre sin méritos desciende sin cesar en la ignorancia y el vicio.

Cuando un hombre se halla en una posición elevada, no por ello debe tiranizar a los demás hombres. Cuando un hombre se halla en una posición subordinada, no por ello debe mostrarse servil con objeto de ascender de grado.

El hombre justo debe vigilar y controlar su comportamiento y no pedir nada a los demás, no debe quejarse ante los dioses ni denostar a los hombres.

El hombre no debe fiarse de los amigos que no confían en él.

Cuando un hombre está apegado a sus padres todos confían en él.

Si un hombre que escucha su corazón no es sincero consigo mismo, no estará apegado a sus padres y no obtendrá la confianza de los demás hombres.

Cuando un hombre no sabe lo que es el bien, no puede ser sincero consigo mismo.

El hombre se hace vivo cuando se une al espíritu vital.

El hombre odiado por el hombre que tú odias es una buena persona.

El hombre que posee conocimientos en numerosos campos puede ser superficial; el hombre que sólo conoce un campo puede ser perverso.

Se tiende a pensar que un hombre condenado a muerte o encarcelado es culpable, pero con mucha frecuencia se le reconoce culpable porque no gusta.

Si te dicen que un hombre se ha enriquecido, no lo creas; si te dicen que un hombre ha caído en la miseria, créelo, pues las desgracias de los demás suscitan la verdad.

A ojos del sabio, el corazón del hombre es un pozo sin fondo, pozo formado por sus infinitos deseos.

Los hombres son como los pasteles de los condenados a muerte: están cubiertos de miel y rellenos de hiel.

Hombre, si sabes, habla; si no, medita y, apoyado en la primera columna del templo, escucha tu corazón y la verdad de tu alma.

Los hombres ociosos que dicen «No tenemos nada» serán escarnecidos por nuestra vieja madre Tierra.

Aquel que, pese a su aflicción, guarda sus penas para sí es un hombre de verdad.

Sólo los necios hablan de la debilidad del hombre, de la mujer y del niño. El hombre no es débil porque defiende a su mujer, la mujer no es débil porque defiende a su hijo, el niño sólo es débil hasta que él mismo defiende a su mujer y a su hijo.

Cuando un hombre vulgar insulta a un hombre sabio, el hombre sabio se encierra en el refugio inquebrantable de la paciencia.

Aquel que conoce los principios de la razón recta no iguala a aquel que los ama; aquel que los ama no iguala a aquel que los convierte en sus delicias y los practica.

El hombre que frena la cólera naciente como la riada tumultuosa del río que crece es un verdadero héroe; los demás no hacen sino retener sus instintos por la brida.

Ni siquiera una lluvia de monedas de oro puede satisfacer los deseos del hombre codicioso.

El oro aporta una breve alegría y largas penas al hombre codicioso. Sabio es aquel que, admitiendo este principio, huye del oro casi como de la peste.

El hombre que ha cometido una mala acción jamás podrá ocultarla, ni en mitad del océano, ni en la cima de la más alta montaña, ni en el corazón del bosque.

Si un hombre, en una cruel batalla, vence y destruye a mil enemigos, y otro hombre gana una batalla contra el vicio y la obscenidad, este último es mucho más sabio que el primero, porque no atrae contra él la cólera del enemigo vencido.

La voz del corazón del hombre que llega hasta el corazón del sabio hace el alma del sabio semejante a un lago profundo, tranquilo y transparente.

El hombre que, con el espíritu vuelto hacia los placeres sensuales, recoge flores sin apercibirse de la tormenta, es llevado por la muerte como un río desbordado devoraría un pueblo dormido.

Busto tradicional de Buda

El hombre prudente tiene pocas posibilidades de perder su vida por un descuido; el hombre irreflexivo e impulsivo está ya como muerto, aunque esté vivo.

Por muy afable que pueda ser en otros aspectos, un hombre al que no gustan las mujeres es en realidad una pobre cosa, pues es semejante a una copa de piedras preciosas sin fondo.

El hombre debe rodear su casa de fecundidad y afecto, como el sol rodea en un solo día la madre Tierra de fecundidad y afecto.

El hombre no puede atormentar y oprimir a los demás hombres, porque al comportarse así pide a los demás que le presten su fuerza.

El hombre vive sólo una vez, pero la reputación del hombre sabio dura toda la eternidad.

Es en primavera cuando se hacen los planes para el año; es por la mañana cuando se hacen los planes para el día; es la armonía lo que hace la regla de la familia.

Aquellos que aman a los demás siempre serán amados.

Aquel cuyo único objeto en la vida es el comercio no tiene en sí la sabiduría.

Donde se deja sentir la ausencia de un hombre, esfuérzate por ser un hombre.

Los días del hombre están contados como la hierba de un prado. Nace y florece en primavera, y muere cuando llega la fría tramontana.

Tener bastante dominio de uno mismo para juzgar a los demás comparándolos con nosotros, y actuar hacia ellos como quisiéramos que actuasen hacia nosotros, eso es lo que puede llamarse la doctrina de la humanidad, no hay nada más allá.

¿Cómo salir de una casa sin pasar por la puerta? Entonces, ¿por qué los hombres no siguen el camino recto?

El hombre puede vencer sus mayores defectos con el trabajo. Estos son, no lo olvides: el aburrimiento, la codicia y la necesidad.

El sabio no debe mostrarse pretencioso por ser erudito; debe discutir tanto con el ignorante como con la persona cultivada.

Los hombres se deshonran con el robo, jamás con el trabajo.

El ojo del hombre sabio queda cegado cuando el destino llama a su puerta.

Cambiar ríos y montes es fácil, cambiar el propio carácter es difícil.

Si no nos asombramos al ver una cosa extraña, ya no hay nada extraño.

El sabio sabe asegurar la seguridad de su persona.

Vaya donde vaya, a paso rápido o a paso muy lento, el sabio posee siempre una mente más rápida que el viento.

El sabio afronta mayores peligros en medio de la multitud que en soledad.

Cuando el sabio que vive en la lealtad duerme el sueño del justo, su corazón le sirve de centinela contra el enemigo.

El hombre inteligente y deseoso de instruirse no se avergüenza de interrogar a un inferior.

Sólo los grandes sabios tienen los mayores defectos y saben reconocerlos.

Un hombre malo puede volver malos a cien hombres honrados, pero cien hombres honrados no bastarán jamás para volver honrado a un hombre malo.

Las promesas del hombre en peligro se cumplirán cuando los robles den limones y las plantas den flores de hierro.

El hombre que lee es muy sabio, pero no ve de lejos; el que observa es mucho más sabio, pues puede ver de muy lejos.

Vosotros que gobernáis los asuntos públicos, ¿qué necesidad tenéis de emplear los suplicios? Amad la virtud, y el pueblo será virtuoso. Las virtudes de un hombre superior son como el viento: las virtudes de un hombre vulgar son como la hierba; la hierba, cuando el viento pasa sobre ella, se inclina.

Los hombres son como los frutos: primero están verdes, luego maduran, luego se pudren, luego se descomponen. Un fruto verde se conserva, un fruto maduro no.

Cuando un hombre ha vivido hasta el fin de sus días, y luego ha muerto contento, con el corazón en paz, su materia se descompone y todo termina. Tal es la suerte del sabio.

El corazón del hombre es el corazón del Cielo y de la Tierra.

La vida humana hace referencia al Cielo.

El noble jamás escucha al villano.

El hombre insatisfecho y desgraciado vive exactamente el mismo tiempo que el hombre satisfecho y feliz.

El placer del gran hombre es poder hacer felices a los demás.

El hombre se convierte en el más desgraciado del mundo porque no sabe que ha sido el más feliz del mundo.

La felicidad pasa deprisa como el rayo por la vida del hombre feliz, en cambio el infortunio pasa muy despacio para el hombre desgraciado y prolonga la duración de su dolor.

El hombre más feliz es aquel que puede dar la felicidad a los demás aunque sólo sea con un poco de arroz.

Si ves a un hombre al que va a atropellar un coche, no lo sujetes, ya que en lugar de agradecerte que le hayas salvado la vida te reprochará que le hayas desgarrado la ropa. Favorecer a los ingratos es malo para ellos y para quienes les prestan servicio.

Al hombre no se le mide por su estatura, sino por su fuerza y su valor.

La vida del hombre dura cien años, pero sus preocupaciones duran mil años.

El espíritu fuerte debe revelarse sobre todo en la adversidad.

Un hombre sin afecto es como una casa sin puertas ni ventanas.

En ninguna de sus edades el hombre es perfecto.

El hombre se revela cuando mete la mano en su bolsa, cuando su pensamiento se ve ofuscado por la cólera, cuando levanta demasiado su vaso.

A un hombre se le valora por su cerebro como a un cuchillo se le valora por su hoja.

Cuando un hombre bebe demasiado, no vale ni la moneda más pequeña.

El hombre que, en la vida, no sabe luchar se convierte muy pronto en un hombre de arcilla.

Para el sabio, es preferible tener mucha inteligencia y pocos honores.

Cuando el hombre nace ve de muy lejos, cuando muere, ve de muy cerca.

Tres representaciones de Buda

Los hombres son como las montañas cubiertas de nieve. Hay que retroceder mucho para poder apreciar su verdadera altura y su inmensa belleza.

El hombre de tercera categoría sólo está satisfecho cuando piensa como todo el mundo; en cambio, el hombre de segunda categoría sólo está satisfecho cuando piensa como una minoría; por su parte, el hombre de primera categoría sólo está satisfecho cuando piensa como él mismo.

Es posible engañar a la gente, no se engaña al Cielo.

El hombre que es firme, paciente, sencillo y natural, sobrio en palabras, se acerca mucho a la virtud de la humanidad.

Dado que los principios de conducta son diferentes, no es posible ayudarse mutuamente mediante consejos.

La suficiencia llama a la ruina, la modestia se ve colmada.

El gato llora a la rata, piedad hipócrita.

Es fácil esquivar un dardo lanzado ostensiblemente, es difícil librarse de una flecha lanzada a traición.

El hombre perspicaz no trata de asuntos turbios.

Acumula el saber como acumularías las riquezas.

La pobreza no es un deshonor: el deshonor es ser pobre y carecer de ambición.

Vivir no es despreciable, pero aquel que vive modestamente porque no sabe hacer nada es despreciable.

La muerte no es causa de dolor: el dolor aflige a aquel que muere sin haber hecho el bien a su alrededor.

Si encuentras a un viejo amigo y entablas con él una conversación, la discusión se prolongará en el corazón de la noche.

Un talento permite a cada uno ganarse la vida, demasiados talentos esclavizan.

Con personas inteligentes, no son necesarias largas explicaciones; un buen tambor no exige que lo golpeen con fuerza.

Quien ama demasiado la fama debe pagarla muy cara; quien acumula demasiado sufre grandes pérdidas.

El amor

Es raro que el amor dure mucho; por eso, aquel que ama apasionadamente acaba sanando del amor.

Ama a tus padres como amarías a tu mujer y a tus hijos.

La joven que seduce con sus miradas no es casta; el estudioso que atrae con su saber no es honesto.

Un héroe puede estar dispuesto a perder el mundo, pero jamás estará dispuesto a perder a su mujer.

El ojo del amante ve a una diosa en su amada.

Muchacha, jamás te cases con un estudiante, pues te verás abandonada día y noche.

Un enemigo es demasiado, mil amigos es demasiado poco

70

Cuando tu marido haya hecho carrera, volverá trayendo a su concubina.

La muchacha dada en matrimonio es como agua derramada.

El amor no hace distinciones entre grandes y pequeños.

Por lejos que estén, el hombre y la mujer siempre están cerca.

La medicina puede sanar el cuerpo, no puede sanar el corazón.

Sólo aquel que tiene hijos puede comprender el amor paternal.

Mientras se tiene madre, uno está bien protegido; cuando se pierde, uno se queda sin defensa.

El llanto es la fuerza del niño, la astucia es la fuerza de la mujer, las armas son la fuerza de los bandoleros, la dominación es la fuerza de los reyes, el orgullo es la fuerza de los locos, la modestia es la fuerza de los sensatos y la meditación es la fuerza de los sabios, pero el amor del hombre por su mujer y el de la mujer por su hombre son la fuerza del mundo entero.

Nació alguna vez un mal hijo, pero no existen malas madres.

Si amas a tu hijo, déjale viajar.

El canto del niño es para el cuervo el canto del ruiseñor.

No formar a un hijo en una profesión es no enseñarle nada.

Cría hijos en previsión de tu vejez, acumula grano en previsión de la carestía.

Sé bueno con tus padres, tus hijos te lo pagarán cuando seas viejo.

El niño abandonado a sus caprichos será la vergüenza de su madre.

Necios son los poetas que cantan la debilidad de la mujer; ¿cómo puede calificarse de débil a aquella que con un simple guiño puede encadenar a los propios dioses?

La antorcha de la sabiduría brilla con toda su fuerza hasta que dos bellos ojos la miran; entonces se apaga rápidamente.

Criamos hijos para asegurarnos un apoyo en la vejez, plantamos árboles para disfrutar del frescor de su sombra.

El árbol envenenado de la vida lleva dos frutos de enorme dulzor: el amor apasionado y la conversación con las mujeres hermosas.

El amor da noches insomnes, sufrimientos y dolores. Pero cuando has probado el amor el mundo te pertenece.

La juventud no dura, así que no desees a la mujer de ojos brillantes como diamantes, pues pronto su mala vista la obligará a ella también a caminar con ayuda de un bastón.

Cuando un caballo salvaje vaga por las montañas es fácil capturarlo con un lazo; pero si la mujer amada se rebela, incluso las potencias sobrenaturales fracasan.

El hijo no encuentra fea a su madre, el perro no encuentra la casa de su amo demasiado pobre.

Beber agua de la mano del amante no es tener sed, sino un capricho amoroso.

Jamás te cases con una vieja, aunque se te ofrezca y te aporte mucho oro como dote. Puede que la gente diga: «¡Aún le queda mucho que vivir!».

Pero no olvides que sus mejores años están ya a sus espaldas.

Todo abejorro es una gacela a los ojos de su madre.

El beso es semejante al agua salada; cuanto más se bebe, más aumenta la sed.

¡No te hagas ilusiones, oh mujer! Puedes perder tu riqueza y tu belleza; la primera en una noche, a través de tu amante, la segunda a causa de una simple fiebre.

Cuando se ama una cosa y se ve con los ojos del corazón, se olvida su fealdad.

¡No dejéis soñar a vuestro corazón, oh muchachas! El sueño os acabará invadiendo hasta el día del juicio.

Sé justo y reconoce que el amor es bello.

Se llama amor a la sensualidad, pero entre los dos hay una gran diferencia.

Quien no está ante los ojos no está ante el corazón.

Morir con la mujer amada es agradable; morir después de la mujer amada es un motivo de satisfacción para el hombre injusto.

Un buen vino y una bella mujer son dos peces deliciosos.

La mujer construye el hogar, pero la mujer, de una sola mirada, también puede destruirlo.

¿Quién rehusaría casarse con una bella viuda afligida por la muerte de su marido?

No seas cruel con tu mujer, la convencerás mejor con dulzura que con violencia. Satisface sus deseos, muéstrate atento con ella y trátala con ternura.

Una mujer acostumbrada a perder a sus hijos ya no conoce el miedo.

El amor del padre es su hijo; el amor del hijo es su propio hijo.

Si se piensa bien, el matrimonio es un mal, pero un mal necesario.

El amor no perjudica al género humano, pero acarrea los excesos.

Cólera de amantes, renacimiento amoroso.

Si los filtros pudiesen servir para capturar a los hombres, todas las viejas tendrían un amante.

Hay que alentar el amor y jamás condenarlo.

El amor comienza con los ojos y termina con la costumbre.

Como las lágrimas, el amor nace en los ojos, llega hasta los labios y luego desciende al corazón.

Sin leche, ningún niño puede alimentarse; sin amor, ningún corazón puede exaltarse.

Más vale trabajar con aquellos a los que amamos que descansar con aquellos a los que odiamos.

Disimula siempre tu amor como un caballo robado de noche; si la gente lo averigua, no dudes en llorar como si hubiese muerto.

No pidas vino muy puro más que a una niña vestida de seda.

Hoy tenemos vino; embriaguémonos hoy; mañana vendrán los pesares, mañana lloraremos.

Más vale beber buen vino y cortejar a las mujeres que hacer hipócritas ejercicios de caridad.

El vino es un veneno que perfora las entrañas, la lujuria es un cuchillo de acero que rasca los huesos, las riquezas son las raíces de las que provienen las desgracias, la cólera es el tigre y el leopardo que bajaron de las montañas.

Las heridas que nos infligen aquellos que nos aman son preferibles a los besos hipócritas que dan aquellos que nos odian.

Aquel que honra a su madre es semejante a aquel que acumula tesoros.

Si tiene usted una buena esposa, será feliz; si tiene una muy mala, se hará un gran filósofo.

Antes del matrimonio, el hombre sabio mantiene los ojos abiertos; después, cierra uno y a veces los dos.

Hacer lo que se quiere haciendo creer a los demás que se hace lo que ellos quieren es un talento raro entre los hombres y frecuente entre las mujeres.

Hay siempre un poco de locura en el amor, pero hay siempre un poco de razón en la locura.

La castidad es una virtud para algunos, pero para muchos es casi un defecto.

Le falta al hombre la voz del león para mandarle a su mujer.

Todo en la mujer es un enigma, pero todo en la mujer tiene una solución.

Hay que dejar de comer cuando aún se tiene un buen sabor; aquellos que quieren ser amados durante mucho tiempo por una sola mujer lo saben bien.

En la embriaguez, se dice la verdad.

Dentro de la casa de juego, ya no vale ni padre ni hijo.

El valor es como el amor, es hermano de la esperanza.

Ningún corazón en este mundo es capaz de amar y odiar como quiere, sino sólo como puede.

No todas las tormentas son malas para el corazón.

En el amor, no te fíes del fuego medio apagado, ya que un simple suspiro puede reavivarlo.

No existen mujeres bellas que no tengan algunos defectos; no existen mujeres feas que no tengan algunas gracias.

En la puerta de Lun Pan, manejar el hacha.

Azotado con varas, será un buen hijo; mimado, consentido, será un hijo rebelde.

Aunque las habladurías de las mujeres nunca hacen harina, son el pan cotidiano de los poetas.

La fuerza de una mujer se mide por su debilidad: cuanto más débil es, más fuerte es.

Resulta más fácil amar a una mujer que hacerse amar por una mujer.

El amor es una escalera por la que los dioses bajan hasta nosotros y nosotros subimos hasta ellos.

Quien ama sube por la escalera de la felicidad, quien no ama permanece inmóvil en el umbral de su cabaña, quien odia se hunde en el polvo del camino.

El amor es una maravillosa planta espontánea, pero no es una planta de jardín que se pueda volver a plantar.

El amor es la llave que abre las puertas de lo imposible.

Dos grandes pedestales sostienen el mundo: el amor y el oro.

El amor es el sol que ilumina el camino de todo hombre hacia su casa.

Las mujeres tienen un corazón que tiembla tanto al soplo del viento de la alegría como al desencadenamiento de la tormenta.

La sonrisa de una mujer vende siempre más mercancías que mil palabras de un hombre.

Lo que destruye el amor no son las disputas ni la fealdad, sino la ambición.

El amor y la amistad no se piden como el agua; se ofrecen como el té.

Más vale irritar a un perro rabioso que a una vieja.

El amor no puede comprarse ni venderse; el amor se da y se cambia por amor.

Quien ama a una mujer con todo su corazón no tiene tiempo de odiar.

El amor es una criatura muy extraña, dulce y absurda: se alimenta de imaginación y muere de saciedad.

Un hombre es rico no cuando tiene numerosas riquezas, sino cuando su corazón es acariciado por la ligera mano de su mujer.

Si el corazón del hombre contiene la perla del amor, que se inspire en la ostra y lo mantenga bien cerrado.

Al igual que el viento destruye y dispersa los pétalos de las flores, los celos destruyen el amor y diseminan los pétalos del corazón.

Una esposa sobria en todos los lugares y en todas las cosas no debe ser sobria con su marido.

En este bajo mundo, no hay padres desnaturalizados.

Se puede sondear el cielo, se puede medir la tierra, pero no es posible prevenirse contra el corazón del hombre.

La amistad entre hombres siempre es rota por las mujeres y por la amistad de los demás hombres.

No juzgues a tu esposa, cuanto más la juzgues menos la amarás.

El secreto para una mujer que desea una vida agradable para ella y para los demás consiste en no hacer todo lo que le gusta, sino amar todo lo que hace por los demás.

En la vida del hombre y de la mujer, hay una estación para el amor, como hay una estación para la pesca y para dejar secar las redes.

Los celos apagan en el corazón del hombre el canto de felicidad del corazón de la mujer.

Quien no sabe llorar de pena por su mujer no sabrá llorar de alegría por su mujer.

En la vida, no hay veneno de serpiente que sea tan temible como la lengua de una mujer engañada en el amor.

La mujer hermosa que resalta su belleza y no la guarda para su marido es como un jorobado que utiliza su imperfección para explotar la fortuna y la credulidad de los hombres necios.

Entre amigos, los bienes se consideran comunes, pero no se bromea con la mujer de un amigo.

En las posadas, las muchachas son más bellas que la luna, y sus manos más blancas que la nieve, y su sonrisa subyuga a más de uno.

Los visillos de la alcoba son como los visillos de un tribunal, y el lecho de marfil es semejante a una prisión.

Las cejas arqueadas son hojas cortantes, los ojos brillantes de la mujer amada que te mira son sables, los labios púrpura que te dicen palabras de amor son espadas. Las hermosas bocas y las lenguas perfumadas son como los gusanos que roen el corazón del hombre; quien las frecuenta está destinado a terminar como el finísimo polvo del mar.

Puede decirse que el hombre y la mujer, cuando dejan de amarse, son semejantes a dos bañistas que se reprochan mutuamente su escandalosa desnudez.

El amor no se descubre, por lo que es luminoso; el amor no se justifica, por lo que es muy célebre; el amor no presume, por lo que la gente se fía de él; el amor no está orgulloso de sí, por lo que gobierna a los hombres; como el amor no lucha, nadie en el mundo puede luchar contra él. ¿No es cierto lo que decían los antiguos?

Hablar de una mujer bella es como hablar de un caballo hermoso. No hay que admirar su belleza sino su temperamento.

El hombre bonachón es el ladrón de la virtud de las mujeres.

La mujer tiene un instinto maternal y un instinto infantil, pero no tiene el instinto de la esposa. Su instinto de esposa es el fruto de la combinación de su instinto maternal e infantil.

La mujer sensata se muestra reticente a ofrecer sus mejillas, se muestra reticente a dar sus caricias y sus besos. Al actuar así, roba fácilmente el alma del hombre que quiere.

Cuando me veas muerto de amor por ti, oh mujer, y cuando mis labios estén entreabiertos y vacío de su alma esté mi cuerpo, entonces, atormentada por el dolor y el remordimiento, vendrás a mi cabecera y, con voz tierna y dulce, dirás: «Soy aquella que te ha matado y arrepentida he regresado».

Si, como el fuego, la pena de amor produjese humo, la noche perpetua envolvería el mundo durante siglos.

A una niña subida a la morera y a un joven subido al limonero: la araña del amor los obliga a encontrarse.

El perfume de los cipreses sigue la respiración del viento. Las palabras de amor de la amada orientan el curso de la vida de un hombre.

Aquel que no ama se consume solo, pero aquel que ama llega a sacrificar sus huesos por los demás.

De todos los vicios, la lujuria es el más grave; de cien virtudes, la piedad filial es la primera.

Algunos dicen que hay que buscar mucho tiempo la felicidad; otros dicen que está muy cerca, en casa; pero la felicidad perfecta se encuentra en la cuna de un niño fruto del amor.

Como la liana que enlaza el árbol por todas partes, tú me enlazas: sé mi compañera y jamás me abandones. Como el águila que, antes de alzar el vuelo, golpea el suelo con las alas, golpeo tu puerta: oh, sé mi esposa, mi compañera y no te alejes de mí.

Sólo cuando la mujer tiene hijos puede entender el amor de su madre por ella.

Unas se besan y otras se huelen: son mejillas de muchachas o manzanas perfumadas. Tanto unas como otras tienen una fragancia embriagadora.

Cuando nuestra vanidad se encuentra satisfecha, pronunciamos palabras que no son sinceras; cuando nos ciega la cólera, pronunciamos palabras que ofenden la cortesía; por ello, a menudo, deben olvidarse las palabras.

Un viaje de mil kilómetros comienza con el movimiento de un pie.

El pez de la venganza: talismán que protege contra toda venganza; su acción dura una luna

El pez
de la esperanza:
debe llevarse
durante tres lunas

El pez
de la fecundidad:
también debe
llevarse durante
tres lunas

El pez
de la pasión:
se recorta
pensando
en la persona
amada,
y luego se quema

El pez
de la sabiduría:
debe coserse
en la orla
de una prenda
de vestir y
permanecer allí
durante
al menos
cinco lunas

El pez del odio:
talismán
que protege
del odio
de los parientes;
debe colocarse
en la entrada
de una casa durante
una luna

El pez de la suerte:
debe recortarse
durante la luna
nueva, y luego
quemarse
con hierbas
y aceites utilizados
para los sacrificios.
Este rito
debe repetirse
tres lunas seguidas

La justicia

Con relaciones en la corte, es fácil llegar a ser mandarín.

Hay una categoría de amigos y una categoría de convidados que desaparecen el día en que se les necesita.

La carretera está bordeada de zarzales. Son tus enemigos. Aléjate de ellos. La carretera está bordeada de flores bellas, pero venenosas. Son tus amigas. Desconfía de ellas.

Trata de no expresarte con lentitud. Lo harás todo con lentitud, incluso tu trabajo.

El magistrado sabio y honrado hace justicia a su pueblo. El sabio magistrado que no es sabio para su pueblo, sino para sí mismo, no hace justicia a su pueblo, y sólo le proporciona sufrimiento.

Miremos y observemos al jefe de un pueblo. Si es bueno, sus ministros serán buenos; si tiene la maldad en el corazón, encontrará maldad en sus ministros.

El médico se esfuerza tanto para la larga enfermedad como para la corta.

Un lengüetazo puede romper un hueso.

Mete un espino en tus orejas; no escuches las malas lenguas.

Cuando la virtud prevalece sobre el talento, se trata de un hombre cabal; cuando el talento prevalece sobre la virtud, se trata de un hombre mediocre.

La virtud no va sola, siempre tiene imitadores.

Quien no se preocupa por el futuro que se acerca inexorablemente sin duda no acaba de atravesar una prueba.

Cuando un visitante os cuenta una larga historia en un momento en el que tenéis prisa, si lo conocéis íntimamente, podéis liberaros diciéndole: «Hasta luego». Pero si se trata de una persona respetable, el asunto es verdaderamente detestable.

Aquel que te cuenta la vida ajena y la suya contará mañana la tuya a otros.

Las buenas palabras y las malas acciones engañan a los sabios y hacen que los locos vuelvan a casa.

Tres cosas son necesarias para la felicidad: ser ignorante, ser egoísta, tener buena salud. Pero si os falta la primera o la segunda o la tercera, todo ha terminado; y jamás tendréis estas tres cosas juntas.

Si miramos la parte superior del rosal, vemos todas las rosas en el jardín de la vida; si metemos las manos en el macizo, tendremos la sorpresa de encontrar espinas.

Si trabajas con la cabeza, descansa trabajando con las manos; si es al contrario, descansa trabajando con la cabeza.

El sabio de la montaña contestó al viajero que le preguntó si era feliz que no tenía el menor tiempo para pensar en ello.

Conformémonos con recoger la felicidad que hemos dado a manos llenas, sin pedir nada a cambio.

La confianza en la vida se adquiere en el momento en que el espíritu se siente tranquilo por completo.

Las personas muy afortunadas recuerdan a los ladrones profesionales: tarde o temprano son víctimas de la suerte como los ladrones de los robados.

Cuando la rabia te hace escupir contra el Cielo, siempre acabas escupiéndote en la cabeza.

La juventud es un hábito que todos deberíamos conservar celosamente para que el tiempo, que es ladrón, no nos la robe ante nuestros ojos.

Una desgracia nunca llega sola, la suerte sí.

Al enemigo que pide hospitalidad se le debe acoger como a un invitado. Ni siquiera a aquel que acaba de derribarlo, el árbol rehúsa darle primero sus frutos.

Al levantarte, pregúntate: ¿qué buena acción haré hoy? En efecto, el sol, que se pondrá esta tarde, se llevará un día de tu vida. Haz que no sea un fruto negro y áspero.

Como la sombra que precede al mediodía son las amistades entre malas personas. Como la sombra del anochecer son las amistades entre buenas personas. Con el tiempo, las unas disminuyen, las otras se intensifican.

Las fuerzas sensuales, por fuertes que sean, tarde o temprano nos abandonarán: ya que debemos separarnos de ellas, ¿por qué no decirles adiós nosotros mismos? Si las vemos desvanecerse, sufrimos una pena indecible; si nosotros mismos las apartamos, encontramos la paz interior y sentimos infinita felicidad.

Que nada te sea querido, la pérdida de lo que has amado es fuente de intenso dolor. No hay obstáculos para aquel que no ama ni detesta nada. No te apegues ni a las cosas desagradables ni a las cosas agradables; es triste no ver las cosas amadas, es triste no ver las cosas detestadas. Felices vivimos, porque nada poseemos. Alimentémonos, pues, de alegría, como hacen los resplandecientes dioses.

Vacía, hermano mío, este barco; vacío, navegará ligeramente.

Libérate de tu pasión y tu odio, conocerás la felicidad.

Abstente del mal, haz el bien, purifica tu corazón. Tal es el precepto de los grandes sabios.

Si encuentras a un pobre que tiene una gran deuda que pagarte, divídela en tres partes, pero divídela bien, suprime dos partes y deja una sola. Entonces te parecerá haber encontrado el camino de la vida. De noche, podrás dormir tranquilo, y, al despertar, te alegrarás.

La vida humana es breve como el rocío de la mañana.

Habla poco, pues las palabras son como las perlas preciosas: su valor aumenta con su rareza.

En la vida, hay tres grandes desgracias: en la juventud, perder al padre; en la madurez, perder a la esposa; en la vejez, perder al hijo.

No te acerques a la antorcha. Admírala de lejos. Sólo está hecha de fuego, aunque parezca hecha de luz.

Morena era mi lanza, pero el polvo de la batalla ha cubierto su cabeza de canas.

Cuando la lanza se dirige hacia el enemigo, se asemeja a la gruesa cuerda con la que se saca la sangre del pozo: el pozo en cuyo fondo se halla el corazón del héroe.

Si quieres conocerte, debes saber que estás compuesto por dos cosas: la primera es el envoltorio que constituye tu cuerpo exterior, visible a todos; la segunda es esa cosa interior denominada espíritu, corazón, que sólo puede ser vista por ojos interiores. Eso es lo que constituye tu verdadero ser: respétalo.

Cada alegría está destinada a aquel cuyo corazón está alborozado: para aquel que lleva siempre sombrero, el cielo está hecho de sombra.

Dar un bocado al hambriento vale más que dar un celemín a quien está harto.

El rico no sabe lo que son las penas de los pobres; quien come hasta saciarse no sabe lo que es estar hambriento.

Nuestra existencia se asemeja a una barca que, al amanecer, se aleja en unos golpes de remo en la espuma del río Amarillo. Por la noche, llega al puerto y no deja rastro alguno.

Allá donde estalla el trueno de un gran descubrimiento, se ha producido el relámpago de una idea.

El estudio es como una barca que remonta la corriente, «quien no avanza retrocede».

Tratad de no conocer la edad de vuestros padres. Por un lado, os regocijaría; por el otro, os preocuparía.

Aquellos que fueron oficiales bajo los anteriores regímenes desean restaurar la antigua cultura; aquellos que son oficiales ahora desean conservar el actual estado de cosas, y aquellos que no son oficiales piden a gritos que se cambie todo radicalmente.

Cuando se habla a célebres hombres de estudios, lo mejor que puede hacerse es fingir, de vez en cuando, que no se les comprende perfectamente. Si se comprende demasiado poco se es despreciado, si se comprende demasiado se decepciona, pero si sólo de vez en cuando no se logra comprenderles verdaderamente, entonces todo irá bien.

Son las virtudes, las cualidades reunidas de los ministros de un príncipe los que consiguen la buena administración de un Estado: como la virtud fértil de la Tierra, que reúne lo blando y lo duro, produce y hace crecer las plantas que cubren su superficie. Esta buena administración de la que me habláis se asemeja a los rosales que bordean los ríos; se produce naturalmente en un suelo conveniente.

Es difícil decir si la esperanza existe o no. La esperanza existe o no existe. La esperanza es como un camino de campo: al principio, no existe ningún camino, pero a fuerza de caminar la gente traza uno.

Si por la mañana habéis oído la voz de la razón celeste, por la noche podréis morir.

A los chinos les gusta el compromiso. Si decís: «¡Esta habitación es demasiado oscura, debéis hacer una ventana!», se opondrán. Pero si decís: «¡Quitemos el tejado!», os responderán: «¡Hagamos una ventana!».

Sólo después de estudiar se conocen los límites del propio saber.

Antaño, tenía la costumbre de meditar durante varios días seguidos, pero es mejor vivir durante un breve instante; antaño, tenía la costumbre de ponerme de puntillas para mirar a lo lejos, pero es mejor ampliar los horizontes subiendo a una colina.

Aquel que enseña no debe hacer diferencias entre el rico y el pobre, entre el gordo y el flaco, entre el bajo y el alto. No debe hacer ninguna distinción entre sus discípulos. Si es sabio, deberá aportarles a todos la misma sabiduría.

Aquellos que han nacido después de nosotros son temibles. ¿Cómo saber si serán semejantes a nosotros o no?

Para gobernar, en primer lugar hay que rectificar los nombres.

Si tu amor por los demás no te es correspondido, reflexiona y pregúntate si eres verdaderamente benévolo.

No tires tu cortina vieja, podrá servirte para enterrar a tu caballo.

Un gobierno tiránico es más cruel que un tigre.

Un Estado se rige por las leyes. Una guerra se hace a fuerza de sorpresas. Pero con el no hacer se gana el mundo entero.

Sólo el dinero no debe ser fuente de placer; cuando estás vivo, no crece solo, cuando mueres, no puedes llevártelo.

Poco importa que el perro sea piojoso, siempre tiene sus discípulos.

Al servir a un príncipe, tened mucho cuidado y atención para sus asuntos y haced poco caso de sus emolumentos.

Quédate bajo la sombra de los bambúes y cállate. Verás cosas interesantes.

¿Para qué sirve el pan si no te quedan dientes? Confórmate con un cuenco de arroz.

Todos los espejos son mágicos. Nunca podemos ver el reflejo de nuestro verdadero rostro.

Cuando una disputa se prolonga, significa que los dos adversarios están equivocados.

Para los espíritus grandes y generosos, la curiosidad es la primera y la última pasión.

El ocio excesivo llena de la forma más completa el tiempo de una persona y la deja menos dueña de sí misma que cualquier otra ocupación.

Se pierde más tiempo discutiendo sobre cosas insignificantes que haciendo cosas importantes, pues algunos de nosotros conocen mejor esas cosas que las cosas importantes.

El tigre ruge, el viento se alza.

La creatividad es el arte de mirar con un ojo nuevo las viejas cosas.

Ser espiritual no basta, hay que poseer el suficiente espíritu para evitar tener demasiado.

Hace falta toda una vida para comprender que no es necesario comprenderlo todo.

Para rodearte de un escudo impenetrable, enciérrate en ti mismo.

Gana como si estuvieses acostumbrado a ganar. Pierde como si te divirtiese hacerlo para variar.

Un estudio sobre la economía del país suele revelar que el mejor momento para comprar una cosa ha pasado ya.

Hazte indispensable y ascenderás, compórtate como si fueses indispensable y te despedirán.

Es difícil creer que los pensamientos de los demás son tan necios como los nuestros, pero tal vez sea así.

El trabajo es lo más hermoso del mundo, por eso quisiéramos dejar un poco más para el día siguiente.

Si queréis descubrir vuestra verdadera opinión sobre una persona, prestad atención a lo que sentís al recibir una carta de esa persona.

Cuanto más queremos a nuestros amigos menos los halagamos. Cuanto menos los queremos más los halagamos.

Hay dos cosas duraderas que podemos esperar legar a nuestros hijos: las raíces y las alas.

Nunca cierres de golpe una puerta detrás de ti. Podrías tener ganas de volver a abrirla.

Cuanto más te sirvas de tu cerebro, más tendrás que servirte de él.

La costumbre puede ser la mejor sirvienta o la peor ama. Sea como fuere, siempre somos sus esclavos.

Cuando hablar se vuelve más importante que escuchar, es preferible cambiar de amigos.

El amor por la humanidad, sin el amor por el estudio, tiene como defecto la ignorancia o la estupidez; el amor por la ciencia, sin el amor por el estudio, tiene como defecto la incertidumbre y la perplejidad; el amor por la sinceridad y la fidelidad, sin el amor por el estudio, tiene como defecto el engaño; el amor por la rectitud, sin el amor por el estudio, tiene como defecto una temeridad sin consideración; el amor por el coraje viril, sin el amor por el estudio, tiene como defecto la insubordinación; el amor por la firmeza y la perseverancia, sin el amor por el estudio, tiene como defecto la demencia o el apego a una idea fija.

La guerra es una lección de historia que los pueblos jamás recordarán lo suficiente.

Ya que es imposible ser universal y saberlo todo, hay que saber un poco de todo.

Es agradable llamar príncipe a un rey, aunque este apelativo disminuya su rango.

La alta luz de la inteligencia que nace de la perfección moral, o bien de la verdad sin mezcla, se denomina virtud natural o santidad primitiva. La perfección moral que nace de la alta luz de la inteligencia se denomina instrucción o santidad adquirida. La perfección moral supone la alta luz de la inteligencia, y la alta luz de la inteligencia supone la perfección moral.

¿Queréis que hablen bien de vosotros? ¡No digáis nada!

Hay defectos que arraigan en nosotros únicamente por culpa de los demás; al cortar su tronco, se desprenden como ramas.

Quien está cerca del mandarín obtiene honores, quien está cerca del cocinero obtiene comida.

La tigresa, por cruel que sea, no devora a sus cachorros.

Un mandarín íntegro difícilmente puede arreglar sus asuntos de familia.

Nos conocemos tan poco que muchos están convencidos de hallarse al borde de la muerte cuando están bien, y muchos creen estar bien cuando se hallan al borde de la muerte.

Los grandes y los pequeños tienen las mismas enfermedades, las mismas cóleras, las mismas pasiones. Pero los unos se encuentran en la cima de la rueda y los otros cerca del centro. Por consiguiente, son movidos por el mismo movimiento.

Corremos sin reflexionar hacia un precipicio después de vendarnos los ojos para no verlo.

Para que la pasión no ciegue, debemos imaginar que sólo nos quedan ocho días de vida.

Entre Dios, el Infierno y el Cielo se encuentra la vida, que es lo más frágil del mundo.

La concupiscencia y la fuerza son las fuentes de todas nuestras acciones. La concupiscencia genera las acciones voluntarias; la fuerza, las acciones involuntarias.

Es posible tener opiniones personales sobre todos los temas y no obstante hablar como el pueblo.

Nada absurdo ha salido jamás de la boca de un filósofo.

Cuando se es joven, nunca se sabe juzgar a los demás tal como son; cuando se es viejo, sucede lo mismo.

La planta del mal es tan fácil de hallar y trasplantar como un joven plantón de arroz. El bien constituye una pequeña planta casi única y difícil de trasplantar; es muy raro que se recojan los frutos.

Todos nosotros nos equivocamos de forma peligrosa porque cada uno de nosotros cree en su propia verdad. El error no es creer en una cosa sino no creer en otra verdad.

El sirviente no sabe lo que hace su amo, porque el amo le indica siempre la acción y no el fin.

Dormir no es un arte fácil: es necesario velar toda la jornada para alcanzarlo.

Lo que es bello de lejos a veces está lejos de ser bello.

La experiencia es una linterna que sólo ilumina a aquel que la lleva.

Podéis odiar a vuestros enemigos, pero no despreciarlos. Debéis estar orgullosos de vuestros enemigos y sus éxitos se convertirán entonces en vuestros éxitos.

Del mejor amigo, hay que tener al mejor enemigo. Debes estar más cerca que nunca de él con el corazón cuando te opongas a él.

El amigo debe saber adivinar y callar cuando hace falta; no debes querer verlo todo, tu sueño tiene que revelarte lo que hace tu amigo cuando está despierto.

No miente sólo aquel que habla negando lo que sabe, sino sobre todo aquel que habla negando lo que no sabe.

Médico, ayúdate a ti mismo y ayudarás también a tu enfermo. Nada podrá ayudarlo tanto como ver con sus ojos a alguien curarse a sí mismo.

A medida que uno aprende a alegrarse, pierde el hábito de hacer el mal y de pensar el mal.

El placer de las pequeñas maldades ahorra más de una mala acción y más de un gran remordimiento por haber cometido una mala acción.

El mandarín pone el fuego donde le gusta, pero no permite a la gente del pueblo encender una lámpara.

El mandarín no se avergüenza de golpear a su pueblo, el padre no se avergüenza de golpear a su hijo.

Quien se acerca al pescado seco apesta, quien se acerca a la orquídea huele bien.

Quien se acerca al bermellón rojo se vuelve rojo, quien se acerca a la tinta negra se vuelve negro.

La vida es una fuente de placer, pero para aquel que tiene el estómago vacío todas las fuentes están envenenadas.

Quien se acerca al fuego es el primero en quemarse.

Considerado el pasado, conocerás el futuro.

Un buen remedio es amargo al gusto, bueno para la enfermedad; un consejo saludable es penoso de oír, provechoso para conducirse.

Todo se aleja y todo vuelve, la rueda del ser gira hasta el infinito. Todos queremos tener una buena comida, pero aquel que quiere comer debe ponerse manos a la obra, incluso el rey.

No seas más virtuoso de lo que tus fuerzas permiten. No te exijas nada que sea inverosímil.

Dar a manos llenas es repartir en muchas partes pequeñas lo que se robó con todas las fuerzas.

Haz de la sonrisa un compañero de tu vida, te será fácil si descubres todos los buenos aspectos, por pocos que sean, que posees.

El cántaro no se ofende si es tocado por un cantarillo.

A fuerza de afilar un mazo se hace una aguja.

El agua que cae gota a gota a la larga perfora la piedra.

A veces, la ley es como una telaraña. La mosca grande pasa a través de sus mallas, mientras que la mosca pequeña se enreda en ella.

El mundo es como un gran océano. Aquel que nada demasiado cargado es demasiado pesado y se hunde.

La sabiduría es como el dinero: quien presume sin cesar de poseer una gran cantidad es sin duda aquel que posee menos.

El sabio duda de todo, incluso de su saber. Sólo el necio está seguro de todo.

Una piedra pequeña basta a veces para volcar un gran carro.

¡Acuérdate de tus pocos amigos verdaderos! Los demás, que siempre son muchos, se evocarán en tu recuerdo por sí mismos.

Aquel que llega a la mesa después de todos es el primero en llorar.

El vicio vive a veces entre nosotros, pero con una estratagema muy acertada puesto que no se muestra. En general, los necios y los jóvenes se dejan atrapar fácilmente por él.

Cuando las fuerzas del bien se elevan un palmo, las fuerzas del mal se elevan un metro.

Es muy raro que un necio se mueva solo, casi siempre va acompañado de otros necios; a este se le reconoce por sus carcajadas y porque es el único en querer nadar donde hace pie. Sin él, el sabio no podría distinguirse.

Nadie conoce de verdad la vida hasta que el dolor llama a su puerta; cuando se posee la fuerza del sufrimiento, se posee la fuerza de la audacia.

Vale más mantener la paz familiar que vender la piel del asno.

La suerte es de cristal, por eso brilla incluso en la sombra, pero es muy frágil; la suerte va al encuentro de los locos, quizá para recompensarles; la suerte también está loca: da demasiado a muchos y nada a otros.

No hagáis todo lo que queréis, pues aquel que hace todo lo que quiere hará lo que no debe hacer.

Esto es lo que dice el sabio que ha adquirido mucho hablando poco: «Quien poco tiene da mucho más de lo que tiene, quien nada tiene da a menudo y para siempre su corazón».

Aquellos que quieren el bien ajeno son como enfermos de dulce locura. Esta raramente es contagiosa, pero el tiempo es el mejor remedio contra ella, más que cualquier medicamento.

La mantis que trata de atrapar a la cigarra no se preocupa de la oropéndola que la amenaza por detrás.

Alegrarse mucho por haber tenido éxito o sentirse decepcionado por haber fracasado es ser hijo de las circunstancias.

A menudo, el verdugo es ajusticiado.

Para recompensar la cortesía con la cortesía, devolved el mal con la justicia o la severidad. Cuando la cortesía se recompensa con la cortesía, se estimula al pueblo a hacer el bien. Cuando se devuelve el mal haciendo el mal, se incita al pueblo a no hacer el mal. Recompensar el mal con el bien es signo de un carácter generoso, recompensar el bien con el mal es signo de criminalidad.

La verdad no puede ser compartida por la naturaleza humana. Si lo que se considera verdad se aleja de la naturaleza humana, ya no puede considerarse la verdad.

Encontrar la esencia moral y central de nuestro ser moral, que nos vincula al orden universal, es encontrar la armonía central. Durante mucho tiempo, los hombres raramente han sido capaces de ello.

No regreses al país si aún eres joven. Una vez hayas regresado, te morirás de pesar.

La modestia se acerca a la disciplina moral. La sencillez de carácter se acerca a la auténtica humanidad y la lealtad se acerca a la sinceridad del corazón. Si un hombre cultiva con cuidado estas tres virtudes en su comportamiento, ello no le impedirá alejarse un poco del camino recto, pero no estará lejos del ideal de la verdadera humanidad.

Que los ricos no inviertan su dinero en la compra de tierras fértiles, pues los libros permiten más abundantes cosechas; que los nobles no construyan inmensas residencias, pues los libros encierran grandes tesoros; que los jóvenes no piensen en casarse bien, pues mujeres bellas como el jade se hallan en los libros; que los viajeros no se lamenten de no tener séquito, pues los libros facilitan carrozas y caballos; que quienes quieren conocer la gloria se consagren con ardor al estudio de los libros antiguos.

Debes detestar las cosas que tienen apariencia de verdad pero no son ciertas; debes detestar la grama, pues se mezcla con el maíz; debes detestar la música de Cheng, pues lleva el caos a la música clásica; debes detestar el color púrpura, pues cuesta distinguirlo del color rojo.

En este bajo mundo no hay nada imposible, siempre que haya hombres de corazón; en este bajo mundo no hay nada fácil, a menos que se sea negligente.

Las cosas que me trastornan y me inquietan son las siguientes: que pueda olvidarme de mejorar mi carácter, que pueda descuidar mis estudios, que pueda olvidarme de progresar por el buen camino. Podré dejar de corregirme si me doy cuenta de que me he equivocado.

El Cielo está alto, el emperador está lejos.

Mil días en casa son agradables, una hora fuera es penosa.

Es difícil ser un rey, pero es aún más difícil ser ministro de ese rey.

Aquellos que están junto a los príncipes virtuosos para ayudarlos en sus deberes deben evitar tres faltas: hablar sin que los hayan invitado a hacerlo, lo que se llama precipitación; no hablar cuando los hayan invitado a hacerlo, lo que se llama taciturnidad; hablar sin observar la actitud y disposición del príncipe, lo que se llama hablar ciegamente.

Reflexionar dos veces es suficiente, tres veces es útil.

Todas las cosas pasadas son como si hubiesen muerto ayer; todas las cosas futuras son como si hubiesen nacido hoy.

Es difícil ser pobre y no sentir resentimiento alguno; es fácil en comparación ser rico y no enorgullecerse.

Si un Estado es gobernado por los principios de la razón, entonces la pobreza y la miseria son causa de vergüenza; si un Estado no es gobernado por los principios de la razón, la riqueza y los honores son entonces causa de vergüenza.

No os aflijáis de que los hombres no os conozcan; afligíos más bien de no haber podido merecer aún ser conocido.

A menudo las bellas palabras confunden en la mente ajena la noción del bien y del mal.

Si el soberano sigue sinceramente el camino de su virtud, los consejos que se le den serán inteligentes y los apoyos y las advertencias que reciba serán armoniosos.

Seguir el camino recto trae felicidad; seguir el mal camino trae infortunio.

Desde que nace el niño, hay que respetar sus facultades; la ciencia que recibirá más tarde no se asemeja en nada a su estado presente. Si llega a la edad de cuarenta o cincuenta años sin haber aprendido nada, ya no es digno de ningún respeto.

La bondad ahoga la crueldad como el agua apaga el fuego. Los que, en nuestros días, practican la bondad se asemejan a aquel que quiere apagar una hoguera en llamas con una taza de agua y que, viendo que el fuego no se apaga, exclama: «El agua no puede apagar el fuego». Ello corresponde a ponerse del lado de aquellos que no creen en la bondad. Por consiguiente, la poca bondad que tienen ya no existe.

Caminar despacio, detrás de los ancianos, así deben actuar los jóvenes. Caminar deprisa, preceder a los ancianos, es violar los deberes de los jóvenes. ¿Es que caminar despacio es algo que ningún hombre puede hacer? ¡No! Sólo es algo que el hombre no quiere hacer.

El pueblo es el elemento más importante de un país. Vienen a continuación los espíritus de la tierra y el trigo. Los gobernantes son el elemento de menor importancia, y si los señores del mundo desean verdaderamente hacer el bien del pueblo no deben desobedecer a la voluntad del Cielo, fuente de magnanimidad y rectitud.

La perfección suprema parece imperfecta, su acción no cesa; la plenitud suprema parece vacía, su acción carece de límites. La rectitud suprema parece sinuosa, y la habilidad suprema parece torpe. La elocuencia suprema parece tartamuda. El movimiento triunfa sobre el frío. El reposo triunfa sobre el calor. Pureza y serenidad son normas del mundo.

La experiencia es un nombre que cada cual da a sus errores. Actuar por experiencia equivale a decir que es necesario haberse caído de un tejado para saber de qué se trata.

La enseñanza sin palabras y el beneficio de la inactividad no tienen en el universo absolutamente ningún equivalente.

No hay mayor crimen que aprobar los propios deseos. No hay mayor desgracia que no saber conformarse. No hay mayor error que querer conseguirlo todo. Así, quien se sabe conformar está siempre conforme.

La felicidad descansa sobre el infortunio, el infortunio se incuba bajo la felicidad. ¿Quién conoce su término? El mundo no tiene normas, pues lo normal puede hacerse anormal y el bien puede transformarse en monstruosidad.

De generación en generación, proseguirán los sacrificios de los antepasados, sin disminuir jamás.

Tomar el lugar del verdugo es como manejar el hachuelo en lugar del carpintero. Aquel que maneja el hachuelo del carpintero raramente se hiere las manos.

La gente no teme la muerte porque le cuesta ganarse la vida. Sólo quienes no tienen problemas de subsistencia no se muestran sensatos cuando glorifican la vida.

Si la gente no teme la fuerza, entonces la gran fuerza suele abatirse sobre ella.

Cuando, en una disputa, los dos adversarios se arrepienten, no hay disputa que no pueda resolverse; ninguna amistad puede fracasar si las dos partes se sienten atraídas la una hacia la otra; ningún malentendido puede evitarse si las dos partes han perdido la calma.

Los asuntos vuelan a nuestro alrededor como un espeso polvo para dominar totalmente nuestras vidas; sólo el sueño nos concede un poco de tregua.

Leer sin reflexionar hace a la mente confusa; reflexionar sin leer hace al hombre inconstante.

Para todo aquel llamado al gobierno de las naciones y los imperios, diez son los principios cardinales que deben respetarse: cultivar la conducta moral, honrar a quienes lo merezcan, dar afecto a la familia y cumplir el deber para con ella, mostrar respeto hacia los demás ministros del Estado, identificarse con los intereses del conjunto de quienes detentan cargos públicos, mostrarse como un padre para el pueblo, alentar la introducción de todas las artes útiles, acoger como es debido a los extranjeros procedentes de lejanos países e interesarse por el bienestar de los príncipes del imperio.

Si la gente de rango inferior no confía en la gente que le es superior, el gobierno del pueblo es imposible.

Si se gobierna el pueblo según las leyes de una buena administración, y se mantiene en el orden mediante el temor de los suplicios, será circunspecto en su conducta, sin avergonzarse de sus malas acciones. Pero si se gobierna según los principios de la virtud, y se le mantiene en orden sólo con las leyes de la educación social (que sólo es la ley del Cielo), sentirá vergüenza de una acción culpable y avanzará en el camino de la virtud.

Presidir un proceso está al alcance de todo el mundo, pero habría que hacer que no hubiese más procesos.

Gobernar el propio país con la virtud y la capacidad necesarias es parecerse a la estrella polar, que permanece inmóvil en su lugar mientras todas las demás estrellas circulan a su alrededor y la toman como guía.

El pueblo debe tener víveres en cantidad suficiente, debe poseer un poderoso ejército, debe tener confianza en quien lo gobierna.

La enseñanza comienza con la poesía, se refuerza con la enseñanza de la buena conducta y se manifiesta a través de la música.

Quien nace está destinado a morir: todo nace y todo muere. Quien nace deberá afrontar sufrimiento, reclusión, asesinato. Por ello no hay que hallar un gran placer en nacer y morir.

Al oír el nombre de alguien, se imagina su aspecto: cuando luego se le ve, raramente se le encuentra el aspecto imaginado.

No te pelees con nadie si no está justificado, y si te ves obligado a pelearte, hazlo sin violencia.

No te opongas a aquel que hace el bien; sigue su ejemplo.

Discute amistosamente con los sencillos, podrás hallar en ellos la alegría de vivir con sencillez.

Para un hombre sensato e inteligente, tener cada vez más discípulos es tener cada vez más instrucción.

Cuanto más te dedicas a la discusión de las grandes cosas, más te alejas del objetivo, y mientras cuentas las estrellas, te sumergirás en la más densa oscuridad. Cuando entonces preguntes el camino al ciego, comprenderá que eres aún más ciego que él.

Permanece sentado durante tres años en una piedra si te hace falta, pues la perseverancia siempre obtiene su recompensa.

Las reverencias del enemigo se hacen siempre en la oscuridad.

Trata a tus subalternos con respeto, pues algún día puedes encontrarte entre ellos.

Si no se escala una alta montaña, no se conoce la altura del cielo; si no se desciende a un abismo, no se conoce la profundidad de la tierra; si no se escuchan los discursos de los antiguos reyes, no se percibe la importancia de la experiencia.

Leer diez mil volúmenes es recorrer diez mil leguas.

Quien se bate por amor triunfa, quien se defiende por amor resiste, el Cielo lo socorre y lo protege con amor.

Los primeros serán los últimos, abandonad la sabiduría y estimulad la ciencia, y la gente se beneficiará más.

Vigila tu país como vigilarías tu patrimonio amenazado por los ladrones.

Los desastres del mundo nacen del odio del mundo; la felicidad es fruto de la generosidad.

Jamás olvides a aquel que te ha hecho un bien.

Las botellas medio vacías hacen más ruido que las botellas llenas aunque contengan menos líquido.

Quien es apto para ser oficial no es belicoso. Quien es apto para combatir nunca se encoleriza. Quien es apto para vencer a su enemigo jamás lo afronta. Quien es apto para servirse de los hombres se sitúa por debajo de ellos. Esa es la virtud de no-rivalidad; también es esa la capacidad de servirse de los hombres; por último, es el apogeo de ser digno del Cielo.

Cuenta con tu prudencia, pero también con una espada bien afilada y con un brazo muy fuerte.

Los necios menosprecian el saber y la doctrina. Los necios desean lo que les perjudica.

No alabes a los sabios para que la gente no cree intrigas y litigios: no ensalces los objetos raros para que la gente no piense en robarlos.

Aleja tu vista de lo que puede despertar el deseo para que los corazones de la gente no se trastornen. El sabio en su gobierno vacía los corazones y llena los vientres, desalienta las ambiciones, refuerza los cuerpos, para que la gente pueda purificar sus pensamientos y deseos y todos puedan vivir en paz.

El Maestro supremo es aquel cuya existencia conoce el pueblo. A continuación, viene aquel a quien el pueblo ama y alaba. Luego viene aquel al que teme. Por último, aquel al que desprecia. Si la confianza del príncipe hacia el pueblo es insuficiente, habrá falta de confianza del pueblo hacia su príncipe. Pensativo, el Maestro supremo se guarda de hablar cuando su obra está finalizada y su labor cumplida. El pueblo dice: «Esto viene de mí mismo».

Ni siquiera la victoria puede ser hermosa, y aquel que así la califica encuentra placer en la matanza. Pero aquel que encuentra placer en la matanza jamás podrá satisfacer su ambición de dominar el mundo.

La amabilidad triunfa sobre la fuerza; deberíamos dejar los peces en las profundidades del estanque y las armas cortantes donde nadie pueda verlas.

Que el elogio que te hacen jamás salga de tu propia boca.

Comer sin moderación pescado y carne, mañana y noche, deforma el gusto. Sólo el sueño ofrece la ocasión de un corto ayuno.

No busques ni el oro, ni el jade, ni otro bien precioso. Desea sólo que todos tus descendientes sean virtuosos.

Si pierdes la partida en una negociación, ganas la partida.

La inteligencia asociada con un carácter tranquilo es la base del gran talento; la sabiduría asociada con una mente serena es la base de la verdadera sabiduría.

La desconfianza es humana; en el Cielo no hay hipocresía.

Todo hombre, al nacer, está destinado a volver al polvo.

Aquel que sabe sujetar su lengua es muy prudente, aquel que no sabe sujetarla es un necio.

El dirigente que no sabe sujetar las riendas de su caballo llevará a su pueblo a la ruina.

El pobre que no sabe enriquecerse estorba incluso a sus parientes más queridos.

Entre gentes orgullosas, la atmósfera es siempre tensa; entre gentes sencillas, la paz reina de forma permanente.

Aquel que responde antes de que le pregunten se muestra necio y digno de desprecio.

Aquel que sólo gusta del vino jamás será sabio, sino que se volverá cada vez más necio.

El joven a quien se ayuda a hallar el camino ya no se alejará de él, ni siquiera en su vejez.

Aquel que siembra la iniquidad cosechará las desgracias y será aniquilado por la cólera de los dioses.

Incluso el necio, si sabe callarse, será considerado un sabio por los sabios.

Tu hermano tiene desgracias: aquel que es su amigo le estima en todo momento.

Si caminamos tres personas, una de las tres es mi maestro.

A no ser por el honor o el beneficio, ¿quién querría levantarse temprano?

La persona saciada pisotea la miel y no piensa en las colmenas de los demás.

Al igual que el pueblo lucha para proteger sus fronteras y las defiende contra el asaltante, las leyes deben defender al pueblo contra aquellos que quieren destruir el país y al pueblo.

La inteligencia produce tres frutos muy importantes: la precisión de razonamiento, la elocuencia y la justicia de acción. A aquel que coseche estos frutos se le considerará un hombre de gran talento.

La medicina cura las enfermedades del cuerpo, la sabiduría libera el alma de las pasiones.

El desenfreno conduce a quien se entrega a él al hastío y a la muerte.

Considera tu enemigo a aquel que te perjudica voluntariamente.

Nadie en el mundo puede coger una rosa sin pincharse con sus espinas.

De nada sirve amar nuestras riquezas pues no nos las llevaremos. Nacimos sin equipaje y moriremos sin él.

Quien gusta de hacer la guerra merece los peores castigos.

El bien y el mal no siguen el mismo camino; el hielo y el fuego no se mezclan en un mismo hogar.

Antaño, Chuang-Tse soñó que era una feliz mariposa. Despertó de forma brusca y se apercibió de que era Chuang-Tse. Entonces ya no supo si era Chuang soñando que era Chuang o una mariposa soñando que era Chuang.

Ante la idea de la horca que le espera, el ladrón frena sus manos y su codicia.

La paz, don sublime, enriquece a los humildes y empobrece a los orgullosos.

Cuando estoy enfermo, me vuelvo piadoso; una vez curado, olvido la fe.

La puerta de la beneficencia es difícil de abrir, y aún más difícil de cerrar.

El bien tiene su recompensa; el mal, su castigo; si la sanción no ha aparecido es porque no ha llegado el momento.

Perdiste un caballo porque declaraste algo justo que no fue apreciado por un poderoso.

Hoy, en la Tierra, el dinero es soberano: los reyes lo admiran, los príncipes lo veneran. Todos los honores se deben al dinero. Aquel que se ve privado de él no recibe amor; si alguien tiene mala reputación, basta que tenga dinero para que se le llame honrado.

Si la nobleza de espíritu no se acompaña de la honradez, ya no tiene valor. Noble es aquel que se ennoblece por la virtud; degenerado es aquel que no tiene ninguna virtud.

El paciente sanará, salvo que la suerte esté contra él.

Si tras la belleza no se oculta un espíritu sensato, considérala la de un animal.

En realidad, nada sabemos pese a nuestro saber. La verdad es demasiado profunda.

Por más alta que sea la montaña, no puede aplastar al sol.

Tres a crédito no valen dos al contado.

Antes de lanzarle una flecha al jinete, apunta primero al caballo; para capturar a los bandidos, captura primero al jefe de la banda.

Hay que evitar realizar acciones malévolas y asimismo hablar de ellas.

Los necios no saben aprovechar las pequeñas alegrías de la vida. No las comprenden.

Los avaros se asemejan a las abejas y las hormigas. Acumulan como si fuesen a vivir eternamente.

Una vida que no es animada por las fiestas es como una larga calle sin casas donde tomar el té.

El maestro nos introduce hasta la puerta, el ejercicio y la práctica dependen de cada cual.

Las alegrías deben buscarse no en la casa ajena, sino en la propia casa, aunque sus paredes sean de cañas de bambú.

Al igual que en invierno hay que resguardarse del frío, durante la vejez hay que resguardarse del dolor.

En tiempos de paz, el campesino vive bien, incluso en una tierra árida; en tiempos de guerra, el campesino vive mal, incluso en una tierra fértil.

Según Confucio, el hombre debe vivir como puede y no como quisiera.

Más vale ser envidiado por el vecino que añorado por la esposa en casa.

Compórtate con moderación, pero no te fíes de aquel que se comporta con moderación ni de aquel que dice comportarse con moderación.

El zapato desgasta el calcetín, el calcetín no puede desgastar el zapato.

No podrías hallar los límites del alma, ni siquiera recorriendo todos los caminos, ni siquiera nadando por el largo río Amarillo, pues su profundidad es apabullante.

En un melonar, no te ates las sandalias (sospecharían que coges melones); bajo un ciruelo no te ajustes el gorro (sospecharían que coges ciruelas).

Luchar contra la tentación es difícil, pues estamos dispuestos a vender nuestra alma para obtener lo que deseamos.

El sentido común, unido a la sabiduría, constituye la virtud suprema.

El tiempo, como el agua, corre; una vez pasado, no puede regresar.

Aquel que descuida sus estudios durante siete años sin duda será ignorante durante setenta años.

Sólo los idiotas hacen signos a los ciegos y hablan en voz baja a los sordos.

Si haces el bien, podrás dormir en todas partes; si te muestras generoso con tu prójimo, hallarás siempre un techo para acogerte en casa de un amigo; si haces el mal y no te muestras generoso, ni una muralla de mármol te protegerá contra la violenta cólera de aquellos que ya no confían en ti.

No muestres tu llaga a la mosca, podría infectarla; no muestres riendo tus dientes al niño, podría rechazar tus consejos.

Durante la mala estación, las aguas corren al revés.

El Tao es al mundo entero lo que los arroyos y los valles son al río y al mar.

Trata de tener justo lo necesario para comer y para vestirte. Todo lo demás es inútil, así que procura no vender tu preciosa vida por ello.

Cuando los hermanos se entienden bien, la arcilla se convierte en oro.

Haz de ti un ser sencillo, abraza tu naturaleza de origen, refrena tu egoísmo, restringe tus deseos.

Algunas cosas se producen seguidas de otras. Algunas son cálidas, otras son frías. Algunas son fuertes, otras son débiles. Algunas son frágiles y otras, caducas. Por eso el sabio evita el exceso, la extravagancia y el orgullo.

Un río se desliza sin parar, pero el agua no es siempre la misma; la espuma que escapa de los remolinos aparece, y luego desaparece, pero nunca dura mucho tiempo. Tales son, en este bajo mundo, los hombres y sus casas.

Los tormentos de la enfermedad afligieron a un sabio por algo que hizo; se alejaron de él por algo que no hizo.

Un día, un ternero al que llevaban al matadero escapó, se dirigió hacia un sabio, ocultó la cabeza bajo su manto y lloró. Pero el sabio dijo: «¡Fuiste creado para ser sacrificado!». Una enfermedad alcanzó al sabio que no tuvo piedad de la bestia.

El tiempo es el remedio de todos los males.

Los grandes favores vienen del Cielo, las pequeñas alegrías nos vienen de los hombres.

Más vale estar acostado sobre la paja en una casucha, con la mente tranquila, que estar sentado en un sillón bordado de oro, en una casa con paredes de maderas perfumadas, con la mente inquieta.

Abrir una sombrilla no equivale a la nube que oculta el sol; agitar el abanico no equivale al soplo del viento.

Antes de pegar a un perro, mira quién es su amo.

Debes buscar la compañía no de la riqueza sino del juicio, porque una vez que hayas adquirido el juicio renunciarás a las riquezas, que son fuente de problemas y penas.

De todas las cosas agradables, las menos frecuentes te proporcionarán el mayor placer.

Una sola chispa puede incendiar la estepa.

Es preferible cuidar el alma y la virtud que el cuerpo. Resulta preferible morir con el alma pura y el cuerpo sucio que con el alma manchada y el cuerpo limpio. De todos modos, por fuerza se ensuciará nuestro cuerpo en la tierra de nuestros antepasados.

La vida y la muerte, la gloria y la oscuridad, el placer y el dolor, la riqueza y la pobreza afectan en las mismas proporciones a los buenos y a los malos, por lo que no son bienes ni males.

Numerosas son las cosas habituales, como las rosas en primavera y los frutos en verano. Tal es, en efecto, la naturaleza de la enfermedad y la muerte, la injuria, la trampa, la venganza y todo lo que proporciona alegría y tristeza a los necios.

La mejor forma de vengarse de un ser malévolo es no parecerse a él en nada.

Aseméjate al promontorio contra el cual las olas vienen a romper continuamente. El arrecife permanece inmóvil y a su alrededor se apacigua el tumulto del agua.

Para la piedra que ha sido lanzada al aire, no es malo caer sobre la cabeza de aquel que la ha lanzado.

Retén tus pasiones. Si las liberas, se volverán contra ti y te castigarán.

Hay que recibir sin orgullo lo que la suerte nos ofrece; hay que renunciar sin pesar a aquello de lo que la adversidad nos priva. A menudo, la sabiduría se disimula también bajo los harapos. No desprecies a aquel que los lleva y acógelo siempre con magnanimidad.

Cuando estamos bien y nada nos amenaza, todo nos lleva a dar buenos consejos a los enfermos.

No tengas yeguas, no tengas esclavos, no tengas compañeros; lleva siempre contigo todo lo que posees en un saco. No te separes de él para dormir, no te separes de él para lavarte, y en ese saco que conservas colgado de tu brazo hallarás siempre tu alma.

Los amigos aprecian su amistad como los parásitos aprecian la riqueza ajena.

Trata de igualar la virtud de la que da pruebas tu padre y no la riqueza que acumula.

Da a conocer tu nombre en tu patria, tu ropa en tierra extranjera.

Más vale tener en casa un grano de pimienta que una cesta de calabazas.

Necios son aquellos que creen poder beneficiarse de los avaros.

Más vale obstruir las puertas de la ciudad que tapar las acequias.

No te enriquezcas mostrándote injusto.

Protege el sueño de tus semejantes y tu sueño será sosegado.

Cuanto más te consagras a la filosofía, más te consagras al estudio del pensamiento y más te alejas de la vida. Si no sabes enfrentarte a ella, mira cómo lo hace el vecino.

Lo que se come se pierde, pero lo que se da con el corazón es devuelto dos veces.

El mayor deshonor para aquel que ya no ama la vida es el suplicio de la tumba.

El mundo es muy grande, pero un pueblo en ruinas puede contenerlo todo entero.

Quien camina demasiado deprisa encuentra deprisa el camino largo.

Aunque tu enemigo sea una pequeña hormiga, considera siempre que es grande como un buey.

Un enemigo es demasiado, mil amigos demasiado poco.

Cada emperador lleva a la corte a sus propios ministros.

La gloria de un general se basa en diez mil huesos secos.

Aquel que habla con sinceridad es expulsado de nueve y una ciudades.

El consuelo de aquel que nada tiene es hallarse bajo tierra con el rico que lo ha tenido todo.

Cada árbol da su sombra a aquel que la pide.

Queriendo escapar de la lluvia, uno puede encontrarse bajo el granizo.

Si un perro ladra a una sombra, cien perros responden a su ladrido.

La inacción es un gran tormento, el trabajo es un gran descanso. El menor paso en falso causa mil años de pesar, arrepiéntete y serán cien años de vida más.

El viajero que carece de techo conoce los lugares cercanos y lejanos, mientras que quien tiene techo no conoce los lugares cercanos ni los lejanos. Quien ha vivido sabe reconocer las cualidades de la gente, quien ha saboreado distingue lo insípido de lo sabroso.

Hacer el bien a quien es digno de ello es como sembrar un campo fértil.

Si se perdona varias veces a un necio, se hará de él un ser malo.

El pobre carece con frecuencia de fuego, el avaro carece de todo.

No creas en las lágrimas de un heredero, muy a menudo son una risa disimulada.

Aquel que perjudica, aunque sólo sea a una persona, es un peligro para todos.

Si te peleas con un borracho, acuérdate de que estás ofendiendo a un ausente.

Desgraciadamente, el médico se encuentra muy mal cuando nadie se encuentra mal.

Muchos se preocupan de la reputación, la riqueza y los honores; pocos se preocupan de ser sensatos y generosos.

La mayor posesión que tenemos somos nosotros mismos.

Cada día ahorra un puñado, al cabo de diez años podrás comprar un caballo.

Las facciones reúnen a los bribones, como la amistad reúne a los verdaderos caballeros.

La muerte no es un castigo para aquel que vive en la Tierra sino una ley. Algún día, el propio mundo desaparecerá.

No esperes sin dudar un poco. No desesperes sin conservar un poco de esperanza.

Una de las causas de nuestros males es que vivimos tratando siempre de seguir el ejemplo ajeno.

Muchos son los cónsules, pero raros son los buenos reyes y los grandes poetas.

La riqueza de los ricos aumenta con su cólera. Les cuesta menos encolerizarse que ser generosos.

No encadenes unos grandes y robustos bueyes a una fina telaraña.

Si por la mañana haces sufrir a tu vecino, por la tarde el sufrimiento te será devuelto.

Olvidar un beneficio recibido está mal; olvidar un perjuicio sufrido está bien.

Servirse de palabras duras cuando existen palabras amables es como cosechar frutos verdes mientras cuelgan frutos maduros.

¿Por qué vas tan lejos a buscar el bien? Mientras lo buscas, crece junto a tu puerta.

Las palabras escritas con tinta negra son borradas por las gotas de agua, pero no puedes borrar los proyectos inscritos en tu mente aunque quieras.

Si sabes, habla, pero si no sabes, apóyate en la puerta de madera de tu casa y escucha.

Quien hace el bien al ser indigno se atrae reproches y no alabanzas, y recoge malas hierbas.

El enemigo es útil y ofrece ventajas reales. Es como el veneno que cura males incurables.

Aquel que no tiene motivo para entristecerse se preocupa por la muerte del asno del vecino.

Como el agua de un río en crecida burbujea y corre rápidamente, la vida de un hombre corre rápidamente.

La piedra ofrecida por el amigo es una manzana.

Existe una sola libertad: la verdad. Existe una sola esclavitud: la mentira.

Máximas de Lin Yutang

«¿Has estudiado gramática alguna vez?», preguntó un sabio a un barquero. «No», respondió este. «¡Entonces has perdido la mitad de tu vida!», dijo el sabio. Más tarde, el viento empujó la barca a un remolino. «¿Sabes nadar?», gritó entonces el barquero al gramático. «No. La natación no es cosa mía», respondió el otro. «Entonces, ¡toda tu vida se ha perdido!», replicó el barquero. Y la barca se hundió.

Un predicador subió un día a un púlpito y preguntó a los oyentes si sabían de qué quería hablarles. Al recibir una respuesta negativa declaró que, no viéndole utilidad a su discurso, se iba a marchar. Y eso hizo. La segunda vez, hizo la misma pregunta y, siendo la respuesta afirmativa, replicó que entonces el sermón era perfectamente inútil. Pero la tercera vez los oyentes se habían preparado bien para la pregunta habitual y respondieron: «¡Algunos de nosotros lo saben, pero otros no!». Entonces les replicó: «¡Perfecto, que aquellos que lo saben se lo digan a aquellos que no lo saben!».

Un día, un hombre llamó a la puerta y dijo al dueño de la casa que apareció detrás de la ventana: «¡Baja, debo comunicarte algo muy importante!». El dueño de la casa bajó y el otro le pidió limosna. Entonces hizo subir al pobre, pero lo despidió enseguida, sin darle nada. El mendigo, decepcionado e irritado, le preguntó por qué razón le había hecho subir. El dueño de la casa le respondió: «¿Y tú, por qué me has hecho bajar?».

Un día, un ladrón desvalijó una casa. El dueño recogió los pocos objetos que le habían quedado, persiguió al ladrón e intentó entrar en su casa. Al ladrón, estupefacto, dio esta explicación: «¿No hemos intercambiado nuestras casas?».

Pagoda de las ocas salvajes

Una noche de invierno, dos desconocidos discutían bajo las ventanas de una casa y la disputa estaba a punto de convertirse en pelea. Cediendo de mala gana a las insistencias de su mujer, el dueño de la casa, temiendo que se derramase sangre, se envolvió en una manta y bajó a calmar la cólera de sus adversarios. Estos le arrancaron la manta y huyeron a toda velocidad. La mujer, que desde su cama se alegraba de haber recuperado la tranquilidad, preguntó a su marido la razón de la disputa. El marido contestó sin darle importancia: «¡Oh, no es nada! ¡Discutían por mi manta!».

Mencio dijo a Siuen, príncipe de Ts'i: «Si uno de tus ministros, debiendo salir de viaje, dejase a su mujer y a sus hijos al cuidado de un amigo, y a su regreso los hallase hambrientos y muertos de frío, ¿cómo te parece que debería comportarse?». «¡Debería renegar de su amigo!». «Y si el juez situado más arriba se mostrase incapaz de cumplir su deber,

¿cómo lo tratarías?». «¡Lo destituiría de sus funciones!». «Y si el Estado estuviese mal gobernado, ¿qué habría que hacer?». El príncipe comprendió la lección.

El príncipe Wen de Ten preguntó una vez a un sabio: «Mi Estado es pequeño, y puesto que se extiende entre los Estados de Ts'i y Chu, ¿de cuál de los dos debo declararme vasallo?». El sabio respondió: «No apruebo tu resolución. Sólo te sugeriré una cosa. Cava fosos más profundos, aumenta la altura de las murallas, defiende la ciudad con tus hombres, disponte a afrontar la muerte y haz que el pueblo no te abandone. En eso consiste el mejor vasallaje».

Hsun-ze preguntó a un sabio: «Confucio hablaba a menudo del agua alabándola. ¿Por qué lo hacía?». El sabio respondió: «Hay agua que brota de la fuente, que mana día y noche sin descanso, llena toda cavidad, corre, se vierte en los cuatro mares. Esa es el agua de fuente, de la que Confucio cantaba alabanzas. Sin embargo, hay otra agua que no viene de la fuente. Durante los dos meses de las lluvias, llena los canales y los arroyos, y luego, en poco tiempo se seca. En la misma medida, el hombre superior se avergüenza de una buena reputación que no merece».

La sustancia del hombre es la misma que la del Cielo y la Tierra. Su corazón es el corazón del Cielo y la Tierra. Teniendo en cuenta su norma y su materia, el ser humano forma un todo con el Cielo y la Tierra. El Cielo, la Tierra y todos los seres forman una sola cosa conmigo. En efecto, participo de las mismas cosas. El Cielo es mi padre, la Tierra es mi madre, los hombres son por lo tanto mis hermanos, todos los seres vivos se han unido, todo el universo forma conmigo un ser único.

Chuang Tse pescaba a orillas de un río cuando se presentaron a él dos dignatarios enviados por el rey de Chu, que le dijeron que el rey deseaba que participase en la administración del Estado. Sin dejar su caña en el suelo ni volverse, Chuang Tse respondió: «En el Estado

Chu, debe haber una tortuga sagrada, muerta hace ya tres milenios, que el rey conserva en la sala de los antepasados dentro de una cesta cubierta por una sábana. ¿Qué les parece que preferiría esa tortuga? ¿Ver honrar lo que subsiste de su caparazón o arrastrarse viva por el lodo?». Los dos dignatarios se pronunciaron por la segunda hipótesis. «Entonces, marchen pues, mis señores, yo también prefiero arrastrarme por el lodo».

Hay algo que vive y algo que da la vida: hay algo que tiene una forma y algo que se la proporciona. Aquello para lo cual la forma es forma es la realidad; lo que proporciona la forma es una cosa que jamás se ha manifestado; aquello para lo cual el sonido es sonido es el oído; lo que hace sonido al sonido jamás se ha manifestado; aquello para lo cual el color es color es la vida; lo que hace color al color jamás se ha manifestado.

No te sientas obligado a saludar a tu fogoso adversario, pues actuando así hieres tu corazón. No manifiestes respeto para con tu adversario halagándolo, pues el espíritu de venganza se infiltrará en ti. Muéstrate siempre atento y activo con todos, y si ganas un pelo, transfórmalo en viga. Ya no tendrás enemigos porque creerán que eres un poderoso y ganarás muchos amigos que temerán perderte debido a tu poder.

El sermón del Loto es como un fuego para los seres congelados, un vestido para los seres desnudos, un guía para la caravana, un padre para el niño, una barca para aquel que quiere pasar un canal, una antorcha para expulsar las tinieblas. Aquel que, al escuchar el sermón del Loto, manifieste su aprobación tendrá siempre el aliento suave como el de un Loto y sus miembros emitirán un perfume de sándalo, mientras que la muchacha que lo escuche una sola vez olvidará su vida de muchacha y comenzará su vida de mujer.

Prefiero ser mi propio criado. Si tengo que hacer algo, me sirvo de mi propio cuerpo. A veces, es fastidioso, pero siempre es más fácil que obtener la obediencia de los demás. Si necesito caminar, camino; me fatiga, pero siempre menos que tener que pensar en los caballos y las sillas, en los bueyes y los carruajes. Divido mi cuerpo en dos partes: mis manos me sirven de servidor, mis pies de vehículo, y son de una docilidad inimaginable. Mi corazón, sabiendo lo que mi cuerpo puede soportar, le deja descansar cuando está fatigado y se sirve de él cuando ha recobrado fuerzas. Cuando se sirve de él, no abusa, pero tampoco le deja volverse pesado. Por otra parte, la caminata y el movimiento son buenos para la salud. ¿Por qué entonces permanecer perezoso inútilmente?

Si tenéis la sabiduría de reconocer una verdad, pero no sois capaces de ateneros a ella, la perderéis de todas formas, a pesar de haberla descubierto; si tenéis la sabiduría de reconocer una verdad y de ateneros a ella, pero no conseguís comportaros dignamente en público, no conseguiréis el respeto del pueblo. Si tenéis la sabiduría de reconocer una verdad y conseguís ateneros a ella y comportaros dignamente, pero no os impregnáis del espíritu del Li o de disciplina social, vuestras acciones y comportamientos no serán satisfactorios.

Llegar a la comprensión, buscar en el propio ser el verdadero ser, eso se llama la naturaleza. Llegar al verdadero ser partiendo de la comprensión, eso se llama la cultura. Lo que es el verdadero ser se llama comprensión, lo que es comprensión halla, pues, su verdadero ser. Dar la impresión del verdadero ser impone la expresión, la expresión se convierte en evidencia, la evidencia se convierte en claridad y saber, la claridad y el saber se vuelven activos, el saber se convierte en la fuerza y la fuerza se convierte en un influjo que invade la totalidad del cuerpo.

Los chinos tienen sólo denominaciones para las razas extranjeras: una es raza extranjera, la otra es vuestra majestad.

He aquí un gran palacio de mil años de antigüedad, de tejas y ladrillos desmoronados, de vigas y muros hundidos, que es en verdad aún imponente, pero que a la primera tormenta se derrumbará en el suelo. No obstante, las gentes que habitan este palacio no se preocupan y duermen apaciblemente, como si no viesen ni oyesen nada. En cuanto a aquellos que se han apercibido del peligro, se conforman con llorar amargamente y esperar la muerte, desalentados, pero no piensan en hallar una solución. Alguien más dotado que los demás se esfuerza por reparar las grietas y tapar los agujeros con el fin de poder vivir con comodidad, seguramente durante un breve periodo y con la esperanza de una mejora. Estos tres tipos de personas utilizan su inteligencia de forma distinta, pero cuando estalle la tormenta perecerán juntas.

China es como una habitación de muros invisibles contra los cuales podemos golpearnos la cabeza. El vencedor es el hombre que está dispuesto a luchar contra sus muros y a golpearse la cabeza sin preocuparse por el dolor.

Pienso muchas veces que deberíamos aplicarle al joven la ley nueva y al viejo la vieja ley. Cuando los viejos oficiales de la dinastía manchú cometen un crimen, deberíamos azotarles la espalda.

Cuando los chinos están en el poder y ven que los demás no pueden hacer nada, se muestran autócratas e inmoderados; cuando empiezan a hablar de moderación, saben que deben ser moderados, y cuando no les ayuda la suerte se ponen a hablar de destino. ¿Quién dice que los chinos no cambian? Cuando se introducen cosas nuevas, quieren rechazarlas, pero cuando empiezan a ver sus aspectos positivos, empiezan a cambiar. No obstante, no cambian adaptándose a las nuevas cosas, sino adaptando las nuevas cosas a sí mismos.